A Transdisciplinary and Participatory Approach in Urban Research

Un approccio transdisciplinare e partecipativo alla ricerca urbana

TRANSVERSAL TERRITORY

Edited by Mansoureh Aalaii
and Antoine de Perrot aka Onzgi

CONTENTS

CONTENUTI

	Foreword	Prefazione
15	Marco Della Torre	Marco Della Torre
17	Francesca Luisoni	Francesca Luisoni
	Introduction	Introduzione
21	Mansoureh Aalaii	Mansoureh Aalaii
	Antoine de Perrot aka Onzgi	Antoine de Perrot aka Onzgi
27	Between Railway and Highway	Tra la ferrovia e l'autostrada
	Installations and Performances	Installazioni e performance
31	Sky Forest	Foresta del cielo
37	Antigone	Antigone
41	The Conference of the Fishes	La conferenza dei pesci
47	The Cave	La grotta
53	Panoramic View	Veduta panoramica
57	Nine O'Clock	Ore nove
63	Catarina Da Mara Fall	La cascata Catarina Da Mara
69	30 Cubes	30 cubi
81	Disco	Discoteca
85	The Door	La porta
91	Quiz	Quiz
95	Purgatory	Purgatorio
105	Map Book	Libro mappa
109	Prize Ceremony	Premio
115	The Invisible Wall	Il muro invisibile
125	Wishing Fountain	La fontana dei desideri
131	The Invisibles	Gli invisibili
135	Carwash	Lavaggio
139	The Fisherman's Hut	La capanna del pescatore
149	Balcony	Balconcino
157	Team	Team
159	Acknowledgements	Ringraziamenti

FOREWORD

Marco Della Torre
Dean's Office Coordinator and Head
of Exhibitions, Mendrisio Academy of
Architecture, Università della Svizzera italiana

Bringing together different fields of knowledge is the hallmark of the work of Antoine de Perrot and Mansoureh Aalaii, who, despite their different backgrounds, are united in promoting an interdisciplinarity and participatory approach to creating possible new situations and hybrid artistic interventions. Together, they promote the exchange of practices, realized through collective projects such as the "Transversal Territory" workshop, which they jointly proposed to the Municipality of Mendrisio and the Academy of Architecture USI. The annual course they offer combines aspects of education with art and social integration.

The Academy of Architecture USI of Mendrisio, a school with markedly interdisciplinary aims and ambitions, was keen to welcome the plan to extend its field to this experimental activity that would bring into play mutual relations between the observation of social and urban dynamics, the dimension of design, and the performing arts, involving audiences both inside and outside the university. The results were not long in coming, as can also be seen from the present publication.

The didactic-experiential approach adopted by de Perrot and Aalaii combines the targeted identification of urban sites that are far from the collective imagination—places of transit, interstitial spaces, remnants or fragments of landscape in the various suburbs of Mendrisio—with the desire to make the students and citizens who actively participate in the workshop open to new, unexpected or even surreal aspects of the geographical places they have visited regularly, without having grasped their multifacetedness. This exercise in listening and sensory training promotes new modes of perception and aesthetic experience, but presupposes a desire and personal predisposition to deconstruct our mental superstructures and the sometimes alienating cultural mechanisms to which we are all usually subjected. In other words, it is a form of *détournement* from our daily life habits.

What Antoine de Perrot and Mansoureh Aalaii ultimately propose is a series of ongoing actions

PREFAZIONE

Marco Della Torre
Coordinatore di direzione e responsabile
delle mostre dell'Accademia
di architettura dell'USI a Mendrisio

Mettere in rapporto differenti campi del sapere è la cifra che accomuna il lavoro di Antoine de Perrot e di Mansoureh Aalaii, diversi per formazione ma uniti nell'attitudine a promuovere mescolanze e partecipazione per generare possibili nuove situazioni e interventi artisticamente ibridi. Assieme, promuovono pratiche di condivisione che si esplicano in progetti collettivi come quello del laboratorio «Transversal Territory» che hanno proposto alla Città di Mendrisio e all'Accademia di architettura dell'USI: un'ipotesi didattica a cadenza annuale, dove l'aspetto formativo si coniuga con quello artistico e di inclusione sociale.

In una scuola con vocazioni e ambizioni fortemente interdisciplinari, quale è l'Accademia di architettura dell'USI a Mendrisio, l'ipotesi di allargare il campo a un'attività di sperimentazione che mettesse in gioco relazioni reciproche tra osservazione di dinamiche sociali e urbane, dimensione progettuale e arti performative, assieme a un pubblico interno ed esterno all'ateneo, non poteva che essere ben accetta. Ed i risultati hanno premiato l'intento, come si evince dalla presente pubblicazione.

Il metodo di accompagnamento didattico-esperienziale adottato da de Perrot e Aalaii affianca all'individuazione mirata di siti urbani lontani dall'immaginario collettivo—luoghi di passaggio, spazi interstiziali, residui o frammenti di paesaggio nelle differenti periferie di Mendrisio alla determinazione di infondere, negli studenti e nei cittadini che partecipano attivamente al laboratorio, un'apertura mentale verso nuovi, inattesi e magari anche surreali aspetti dei luoghi geografici che abitualmente frequentano senza coglierne la poliedricità.

Un esercizio di ascolto, un allenamento sensoriale, che consentono nuove percezioni ed esperienze estetiche ma che presuppongono una volontà e una predisposizione personale verso una decomposizione delle proprie sovrastrutture mentali e dei meccanismi culturali, talvolta alienanti: una pratica di *détournement* dalle nostre abitudini di vita quotidiana.

—which I would not necessarily call a "method"—useful for extracting new sets of meanings from places. These can help us to regain the ability to understand the significance of the elements that make up the space around us, and to develop the design freedom, but also the political freedom, to assign new values to these places in order to imagine other possible sustainable micro-landscapes, even dreamlike ones.

In the projects for the places identified by the workshop participants in the Mendrisio area, I glimpse—by reading between the lines—the reformulation of certain ideas of "Situationist" origin developed within the kind of spatial contexts that Gilles Clément masterfully described in his *Manifesto of the Third Landscape*, which are more relevant today than ever. Among the proposals that emerge from the workshop, and which amount to real projects, we find performative actions that address the dimension of bodily movement in space, as a practice of "measurement", of awareness, of physical reappropriation of places.

Establishing a new relationship with space and time through practices borrowed from contemporary dance—where we use gestures and movements to express our personality, as when we realize the weight of our body in relation to the earth—becomes a truly therapeutic action.

In conclusion, Antoine de Perrot and Mansoureh Aalaii's "Transversal Territory" workshop is a path of aesthetic experimentation and an inclusive practice that enables the mixing of different cultural levels and skills. It is an opportunity for the participants—students and citizens with different backgrounds and aspirations—to undergo a transformation that provides them with new awareness.

Antoine de Perrot e Mansoureh Aalaii propongono una serie di azioni in divenire, che non vorrei definire un «metodo», piuttosto un percorso utile a estrarre dai luoghi nuovi insiemi di significati che ci aiutano a riacquistare la capacità di intendere il senso degli elementi che compongono lo spazio intorno a noi e a sviluppare una libertà progettuale, ma anche politica, di attribuire a quei luoghi nuovi valori per immaginare altri possibili micro-paesaggi sostenibili, a volte onirici. Nell'elaborazione dei progetti per i luoghi individuati nel territorio di Mendrisio dai partecipanti al laboratorio, intravedo tra le righe del discorso, una riproposizione di certe istanze di derivazione «situazionista» sviluppate all'interno di occasioni spaziali che Gilles Clément ha magistralmente descritto nel suo *Manifesto del Terzo paesaggio*, oggi ancora—e più che mai—di grande attualità. All'interno delle proposte che emergono dal lavoro del laboratorio, che sono a pieno titolo progettuali, si inseriscono azioni performative che affrontano la dimensione del movimento del corpo nello spazio, come pratica di «misura», di consapevolezza, di riappropriazione fisica dei luoghi.

Trovare un nuovo rapporto con lo spazio e con il tempo attraverso pratiche mutuate dalla danza contemporanea, pratiche che valorizzano il gesto e il movimento per esprimere la propria personalità, come quando ci si rende conto del peso del proprio corpo in rapporto con la terra, diventa un'azione propriamente terapeutica.

Il laboratorio «Transversal Territory» di Antoine de Perrot e Mansoureh Aalaii è, per concludere, un percorso di sperimentazione estetica e una pratica inclusiva che permette di mescolare piani culturali e competenze differenti, e che diviene quindi l'occasione per i soggetti partecipanti—studenti e cittadini con varia formazione e diverse aspirazioni—di una trasformazione che li dota di una nuova consapevolezza.

FOREWORD

Francesca Luisoni
Deputy Mayor of Mendrisio

Mendrisio is the southernmost town in Switzerland. It stretches along the Laveggio River valley, between the plain, Monte Generoso, Monte San Giorgio and Lake Ceresio. The town as we know it today is the result of the aggregation of nine neighbouring municipalities between 2004 and 2013. Mendrisio today has about 15.000 inhabitants and offers 18.000 jobs in its territory, of which little more than a third are in the secondary sector and almost two thirds in the tertiary sector. Since 1996, the town has been home to the Academy of Architecture USI, and since 2021, the SUPSI Department of Environment Constructions and Design.

The Rime Brecch neighbourhood, chosen for the first edition of Transversal Territory, is located in the centre of Mendrisio, behind the town's train station. Here industrial and artisan activities have coexisted for years with a modest residential area. It is a complex area for which the Municipality is reflecting on and currently defining new zoning regulations to resolve conflicts, create green spaces, and promote a better quality of life for its residents. As part of the Municipality's replanning process, it was interesting and stimulating to include the Transversal Territory project, which challenges the perception of certain places and spaces through its reflections.

We found ourselves in front of a door that seemed to be suspended in thin air and instead pointed to an ancient passageway. We experienced space in a much more vivid and different way when it was suggested that the car park of a shopping centre be transformed into an amphitheatre. We even witnessed the transformation of fuel storage tanks into large movie screens. These examples help us to understand that we can change our surroundings in unexpected ways, if only for a few hours: these hours turn out to be sufficient time to allow us to identify with the space around us in a different way—to perceive, experience, and feel it as our own.

In addition to the creative aspect, Transversal Territory has the merit of bringing together students and residents (I remember the joyful eyes of the elderly who took part in the project), as well as employees and administrators of the Municipality

PREFAZIONE

Francesca Luisoni
Vice Sindaca della Città di Mendrisio

Mendrisio è la città situata più a sud della Svizzera; si estende lungo la valle del fiume Laveggio ed è compresa tra la pianura, il Monte Generoso, il Monte San Giorgio e il lago Ceresio. Mendrisio, così come la conosciamo oggi, è il risultato dell'aggregazione di nove Comuni limitrofi, avvenuta tra il 2004 e il 2013. La Città conta oggi circa 15.000 abitanti e dà lavoro a 18.000 persone, di cui poco più di un terzo nel settore secondario e quasi due terzi nel terziario. Dal 1996 è sede dell'Accademia di architettura e dal 2021 del Dipartimento costruzioni e design della SUPSI.

Il quartiere Rime Brecch, scelto per la prima edizione di «Transversal Territory», è situato nel centro di Mendrisio, alle spalle della stazione ferroviaria. È un quartiere in cui l'industria e le attività artigianali convivono da anni con un'area residenziale non di pregio. Un luogo con complesse contraddizioni, sul quale l'amministrazione cittadina sta riflettendo e per il quale sta definendo un nuovo piano regolatore mirato a risolvere conflitti, creare più verde e migliorare la qualità di vita per gli abitanti. Nell'ambito del processo di ripianificazione il laboratorio «Transversal Territory» ha contribuito ad arricchire la riflessione mettendo in discussione luoghi e spazi, dando vita a riflessioni dagli esiti interessanti e stimolanti.

Il laboratorio ci ha portato di fronte ad una porta che sembrava sospesa nel nulla e invece indicava un antico passaggio, abbiamo percepito lo spazio in modo molto più presente e diverso quando è stata proposta la trasformazione in un anfiteatro il parcheggio di un centro commerciale, abbiamo visto trasformati in grandi schermi cinematografici i bidoni per lo stoccaggio di carburanti… Esempi che ci portano a capire come possiamo cambiare l'ambiente che ci circonda in modo inaspettato, anche solo per alcune ore; ore che si rivelano essere un tempo sufficiente per farci identificare in modo diverso con lo spazio, percepirlo, viverlo, sentirlo nostro.

Oltre all'aspetto creativo, «Transversal Territory» ha il grande merito di far dialogare studenti e abitanti (ricordo in particolare gli occhi felici di giovani e meno giovani che insieme hanno preso parte al progetto) nonché operaie/operai e amministra-

of Mendrisio, giving them all the opportunity to contribute to a creative process. This is a way of linking the Municipality of Mendrisio even more closely to the Academy of Architecture, one of the jewels in the town's crown, and of looking at the area in which we live and shaping its future together.

trici/amministratori della Città di Mendrisio che tutti hanno l'opportunità di contribuire ad un processo di creazione esperienziale. È un modo di legare ancora di più la Città di Mendrisio all'Accademia di architettura dell'USI, uno dei nostri fiori all'occhiello, per guardare assieme al territorio in cui viviamo e disegnarne il futuro.

INTRODUCTION

Directors Mansoureh Aalaii
and Antoine de Perrot aka Onzgi

"A blind man reaches out his hand into the night."
Alberto Giacometti

CHANGING PARADIGMS

"Transversal Territory" is a laboratory for urban, environmental and artistic experimentation. It invites reflection on the relationship between us, our living space and the natural environment. Its aim is to unfold and nourish our imagination and to broaden the scope of our environmental sensitivity. To be able to transform the way we live in the world, we cannot avoid transcending conventional paradigms. This means readjusting and reinventing the way we look at the space we live in. A key issue we tackle in this laboratory is: Instead of redesigning and repeating the same paradigms, shouldn't Earth's current living space confront us with the question of what we are and what we are becoming? Through a transdisciplinary and participatory approach, whereby students of architecture and urban design interact and collaborate with the local community, we explore other possible experiences of our own living space. Building on our specific expertise, we—Antoine de Perrot aka Onzgi, architect, urban researcher and visual artist, and Dr Mansoureh Aalaii, medical doctor, dancer, choreographer and writer—propose connecting scientific and artistic approaches. This research is envisioned as a design course of the Academy of Architecture USI in Mendrisio and receives support from the Mendrisio Municipality.

This book illustrates the research and public presentation of "Transversal Territory" carried out in 2022 in the Rime Brecch district of the city of Mendrisio in Switzerland.

REGRASP THE ENVIRONMENT

For a long time, the term environment has designated something that was around, an elsewhere, an outside, an "other"—a fuzzy reality that meant everything that has not been invested in or urbanized by humans; therefore, it would not concern us, or only indirectly. How can we readjust our view of it, how can we reconsider this notion of "envi-

INTRODUZIONE

Direttori Mansoureh Aalaii
and Antoine de Perrot aka Onzgi

«Un cieco allunga la mano nella notte.»
Alberto Giacometti

CAMBIARE I PARADIGMI

Transversal Territory è un laboratorio di sperimentazione urbana, ambientale e artistica che propone una riflessione sul rapporto che si instaura tra noi, lo spazio in cui viviamo e l'ambiente naturale. L'obiettivo è aprire e nutrire l'immaginazione e ampliare la portata della nostra sensibilità ambientale. Per poter trasformare il nostro modo di vivere nel mondo dobbiamo necessariamente rimodulare e reinventare il modo in cui leggiamo il nostro spazio vitale. Dobbiamo andare oltre i paradigmi convenzionali con cui solitamente lo percepiamo e comprendiamo. Una delle domande cruciali a cui cerchiamo di rispondere durante il laboratorio è: invece di riprogettare e ripetere gli stessi paradigmi, l'attuale spazio vitale della Terra non dovrebbe farci interrogare su cosa siamo e cosa stiamo diventando? Adottando un approccio transdisciplinare e partecipativo, che prevede l'interazione e la collaborazione di studenti e membri della comunità locale, esploriamo altre possibili esperienze dello spazio vitale. Avvalendoci delle nostre competenze specifiche—Antoine de Perrot (in arte Ongzi), architetto, ricercatore urbano e artista visuale e la dottoressa Mansoureh Aalaii, medico, danzatrice, coreografa e scrittrice—proponiamo una ricerca che combina approcci scientifici e artistici. Questa ricerca è concepita come un laboratorio di progettazione dell'Accademia di architettura dell'USI con il sostegno della Città di Mendrisio.

Il presente volume illustra la ricerca e la presentazione pubblica del laboratorio Transversal Territory effettuato nel 2022 nel quartiere Rime Brecch della città di Mendrisio, in Svizzera.

RISCOPRIRE L'AMBIENTE

Per molto tempo il termine «ambiente» è stato usato per indicare qualcosa che stava intorno, un altrove, un fuori, un altro, una realtà indistinta che corrispondeva a tutto quello che non era stato sfruttato o urbanizzato dagli esseri umani e della qua-

ronment"? In our approach, we assume it to be something which is part of us, which we are inextricably linked with: a space that exists among, with, between, through and within us. We grasp the environment as what is right here, including what we have built and ourselves—our behaviour, our body. We explore this tangle as a dynamic, multidimensional condition of our existence that incorporates physical reality and its processes of permanent transformation, along with our imaginative projections and their virtual extensions.

TORCHES INTO THE DAY

There are many ways to approach (the transformation of) a place: for example, by analysing its natural, socio-cultural and historical conditions, through drawing, writing, formal or technical methods; or by getting in touch with the local community. Usually, such approaches follow the common task of responding to specific requirements for that place; this may turn out to be more or less successful, but it's not our goal. That is, our research is not demand-driven, we are not seeking to provide answers (at least in this sense); what we do is invite people to open their senses to different kinds of experiences of a place, to provoke questions and to allow the contradictions inherent in that place to emerge. To change things, especially behaviours and attitudes, we suggest side-stepping our habits and welcoming the incertitude of not knowing what to do, what to do it for and where to go. Referring to Giacometti's statement, "A blind man reaches out his hand into the night", we would describe our approach as: pointing torches into the day.

ACTING TRANSVERSALLY

By establishing a relationship with a place, we already begin to change it, and that place begins to change us. Every place, however insignificant or ugly it may seem to us, starts to be enlivened and to acquire value for us from the moment we look at it with curiosity and attention, from the moment we decide to take care of it. Our acts and our bodies gradually become part of it. A word, a sentence, the local language, an image, a story, a thought, a rule, a piece of music, a fragrance, a movement, a dance, a ritual, extinct species, pets, our fingers, our stomach and our blood vessels can be as much part of it as wind, clouds, noise, light, trees, stones, rivers, birds, moon, buildings, neighbours, stars, cars and roads.

le, di conseguenza, non dovevamo preoccuparci se non indirettamente. In che modo adesso si può modificare questa visione, si può ripensare il nostro modo di intendere l'ambiente? Secondo l'approccio che è alla base del laboratorio, l'ambiente è qualcosa che fa parte di noi, a cui noi siamo inestricabilmente legati: una spazialità che esiste con, tra, attraverso e dentro di noi. Intendiamo l'ambiente come ciò che sta proprio qui e include anche il nostro costruito, noi, il nostro comportamento e il nostro corpo. Esploriamo questo groviglio considerandolo come condizione pluridimensionale e dinamica della nostra esistenza, includendo la realtà fisica e il suo processo di costante trasformazione, così come le sue estensioni virtuali e fantasiose.

TORCE PUNTATE VERSO IL GIORNO

Ci sono molti modi di considerare (la trasformazione di) un luogo, per esempio analizzandone le condizioni naturali e socioculturali, mediante il disegno, la scrittura, con metodi formali o tecnici, oppure entrando in contatto con la comunità che lo abita. Di solito questi approcci sono dettati dalla volontà comune di rispondere a una specifica esigenza per questo luogo. Il risultato può essere positivo o meno, ma non è questo che qui ci interessa. Invece di affrontare la questione partendo dalla necessità di fornire risposte a un'esigenza (almeno in quel senso), la nostra ricerca vuole essere un invito ad aprire i sensi a diversi modi di vivere un luogo, a sollevare domande e a consentire alle contraddizioni inerenti al luogo di emergere. Per cambiare le cose, soprattutto i comportamenti e gli atteggiamenti, suggeriamo di mettere da parte le abitudini e ammettere l'incertezza del non saper cosa fare, per quale motivo farlo e dove andare. Ispirandoci all'affermazione di Giacometti «Un cieco allunga la mano nella notte», descriveremo il nostro approccio come: puntare torce verso il giorno.

AGIRE IN MODO TRASVERSALE

Quando entriamo in relazione con un luogo iniziamo già a cambiarlo e il luogo inizia a cambiare noi. Qualsiasi luogo, per quanto insignificante o brutto ci possa apparire, comincia a ravvivarsi e ad acquisire valore nel momento in cui lo guardiamo con curiosità e attenzione, nel momento in cui ce ne prendiamo cura. Le nostre azioni e i nostri corpi diventano progressivamente parte di quel luogo.

INTRODUCTION

Our proposal in "Transversal Territory" is to engage directly with existing urban situations through site-specific interventions. By working with minimalistic means, with our bodies and materials found onsite, we encourage people to make subtle changes in chosen places. What we are looking for is to introduce a mixture of acts, fictions and dreams directly into reality, so as to create unexpected, playful, enigmatic and transgressive situations and experiences that tangibly affect the usual perception of a place. We give it other possible ways of being seen and understood. We do not create linear stories, but deviations, gaps, shifts of meaning and abysses, that become so closely embedded with the existing that the existing can no longer be perceived the way it was before. Through these gaps the imagination comes into play and begins to change the underlying paradigms of our perception. What we are exploring is the uncharted territory expanding transversally between reality, fiction, emotion and the mind.

THE HUMAN BODY

The human body is a broadly encompassing term. It can be explored in its anatomical, functional, evolutionary, psychological, health, sociological and other aspects. If we look at the fundamental biological functions of our body, we realize that despite scientific studies, we neglect its belonging to nature. We thus experience our everyday life within the framework of an uprooted "body-object", which implies that we are deprived of the possibility of establishing a lively connection with the environment. The issues of urban space in relation to the body are usually limited to its external Euclidean dimensions and its need for a minimum of light and air. This raises questions not only about our relationship to the environment, but also, for example, about the way we might approach and extend health prevention in relation to human spatial needs.

The perception of our surroundings and our movements go hand in hand. In order to include the body's various aspects in our research, and to enable us to engage actively in the approach of a place, we do specific body awareness exercises, performances and rituals in situ. Although engaging with the body is not easy for everyone, this way of working allows the release of sensations, emotions, memories, spatial relationships, and helps establish a link to the innermost parts of our body,

INTRODUZIONE

Una parola, una frase, il dialetto locale, un'immagine, una storia, un pensiero, una regola, un brano musicale, una fragranza, un movimento, una danza, un rituale, le specie estinte, gli animali domestici, le nostre dita, il nostro stomaco e le nostre vene possono farne parte tanto quanto il vento, le nuvole, i rumori, la luce, gli alberi, le pietre, i fiumi, gli uccelli, la luna, gli edifici, i vicini, le stelle, le auto e le strade.

Transversal Territory si propone di agire direttamente in contesti urbani esistenti attraverso interventi *site-specific*. Lavorando con strumenti semplici, con il corpo e con materiali che troviamo sul posto, cerchiamo di incoraggiare le persone a fare sottili cambiamenti in determinati luoghi. Il nostro obiettivo è di iscrivere direttamente nella realtà una serie di atti, finzioni e sogni in modo da creare situazioni ed esperienze inattese, gioiose, enigmatiche e trasgressive che influenzino in maniera tangibile la percezione che si ha abitualmente di un luogo. Diamo ai luoghi altri possibili modi di essere visti e compresi. Non creiamo storie lineari, bensì deviazioni, divari, cambiamenti di significato, abissi talmente integrati nell'esistente da non farlo più percepire com'era prima. Lasciamo spazio all'immaginazione, che comincia a cambiare i paradigmi che sono alla base della nostra percezione. Quello che stiamo esplorando è un territorio che si estende in maniera trasversale tra realtà, finzione, emozione e mente.

IL CORPO UMANO

Quando parliamo di corpo umano, possiamo riferirci a uno dei molteplici aspetti che il termine comprende e analizzarlo dal punto di vista anatomico, funzionale, evoluzionistico, psicologico, sanitario, sociologico e così via. Se consideriamo le caratteristiche biologiche fondamentali del nostro corpo, ci rendiamo conto che continuiamo a studiarlo in termini scientifici, ma tendiamo a trascurare il suo profondo legame con la natura. Affrontiamo la vita di tutti i giorni attraverso un «oggetto-corpo» sradicato, con effetti che ci privano della possibilità di instaurare un rapporto vitale con l'ambiente. Le questioni che riguardano lo spazio urbano in relazione al corpo di solito si limitano a prendere in considerazione le sue dimensioni euclidee esterne e il suo bisogno di un minimo di luce e aria. Ciò solleva interrogativi non solo sul nostro rapporto con l'ambiente ma anche sul modo in cui, per

its own memories, its evolutionary process, its dynamics. Through these experiences, the perception of our body and consequently of its belonging to nature and the environment, begins to change. We consider this shift in our body-perception as a fundamental step in our approach and understanding of the environment.

ON HOW

In "Transversal Territory", the process of experimenting and developing ideas unfolds in an intensive one-week workshop. In a second phase, the outcome is shown in situ in the form of installations and performances in a public event. The core of the research group consists of around twenty participants—students of architecture and urban design and local inhabitants working together. The ideas are developed in an interactive way through discussions within the whole group, so that everyone is involved. We encourage openness and invite the participants to go beyond their boundaries and share the experience and the outcome as a whole. By crossing and combining skills, techniques, methods and knowledge from different disciplines and backgrounds, we stimulate a truly transdisciplinary work.

As lecturers, we bring in experience and knowledge from the fields of architecture, urban design, medicine, body awareness, visual arts, literature, performance and dance; in their turn, the locals of different ages and backgrounds as well as the students bring in their knowledge, skills and experience. While the local people may have emotional bonds to the place rooted in their childhood, family, work and identity, for the students this place may initially just mean a site to study. People we meet and local bodies such as institutions, enterprises and industries may also be involved. As we are not interested in creating new things out of nothing, we work above all with what we find onsite, with a view to discovering the multitude of unexploited and unconsidered materials and potentials around us.

All these inputs influence and widen the direction of the experimentation. The path we intend to follow with this transdisciplinary and participatory way of working consists of stepping out of predefined methods and classifications in order to be open to the unexpected and engage with it.

esempio, possiamo promuovere e ampliare le attività di prevenzione sanitaria rispetto ai bisogni spaziali umani.

La percezione dell'ambiente circostante e i nostri movimenti vanno di pari passo. Per includere i vari aspetti del corpo nella nostra ricerca e per permetterci di impegnarci attivamente nell'approccio a un luogo, svolgiamo esercizi specifici di consapevolezza corporea, performance e rituali in loco. Per quanto occuparsi del corpo risulti difficile per qualcuno, questo modo di procedere ci consente di attivare sensazioni, emozioni, ricordi e rapporti spaziali e stabilire un collegamento con le parti più interne del nostro corpo, la sua stessa memoria, i suoi aspetti evolutivi e le sue dinamiche. Attraverso queste esperienze vissute, la percezione del nostro corpo e di conseguenza al suo appartenere alla natura e all'ambiente comincia a cambiare. Riteniamo che cambiare la nostra percezione del corpo sia fondamentale per migliorare la nostra comprensione dell'ambiente.

IL MODO

In Transversal Territory, il processo di sperimentazione e sviluppo delle idee si svolge durante un laboratorio intensivo della durata di una settimana. In una fase successiva i risultati della ricerca vengono presentati in loco sotto forma di installazioni e performance nel corso di un evento pubblico. Il gruppo di una ventina di partecipanti, composto da studenti di architettura e disegno urbano e abitanti del posto, sviluppa le idee in modo interattivo attraverso discussioni in cui tutti sono coinvolti. Viene incoraggiato un atteggiamento di apertura mentale, così da andare oltre il proprio perimetro per arrivare ad essere parte e condividere l'esperienza e il risultato nel suo complesso. Incrociando e combinando competenze, tecniche, metodi e conoscenze di diverse discipline ed esperienze personali, si stimola un lavoro transdisciplinare.

Come docenti contribuiamo al progetto con esperienze e conoscenze in campi quali l'architettura, il disegno urbano, la medicina, la consapevolezza del corpo, le arti visive, la letteratura, la performance e la danza. Gli studenti e gli abitanti del luogo, di età e provenienza eterogenee, apportano le loro conoscenze, competenze ed esperienze. I residenti hanno legami emotivi con il quartiere per ragioni che possono essere legate all'infanzia, alla famiglia, al lavoro e all'identità, mentre per gli stu-

INTRODUCTION

THE BOOK

Like the Transversal Territory laboratory itself, we also wanted the making of this book to be a field of experimentation. Therefore, we chose to develop it with the students of the University of Arts and Design HEAD Genève as a graphic design course. What you hold in your hands is one of the many imaginative and original proposals they developed.

After having outlined our way of working in "Transversal Territory" and the thoughts and questions that drove us, the following section of this book illustrates the research we conducted in July 2022 through twenty installations and performances we realized in situ for the public presentation in September at the Rime Brecch district of Mendrisio. Although it was an expedition into the unknown, which is always risky, we had extraordinary moments, which gave us further motivation to continue developing this research. We hope this book can be a source of inspiration to urban planners, architects, scientists, artists, dancers and students to venture into the unknown, even if not only the outcome, but also the path to follow are uncertain.

INTRODUZIONE

denti il luogo può inizialmente rappresentare solo un momento del loro percorso di formazione. Anche le persone che incontriamo e le strutture locali come istituzioni, imprese e industrie possono essere coinvolte nel progetto. Poiché non vogliamo creare cose nuove *ex nihilo*, si lavora soprattutto con ciò che troviamo sul posto. Ci interessa piuttosto scoprire le potenzialità di ciò che ci circonda, inclusi i molteplici materiali non sfruttati e non considerati.

Tutti questi input influenzano e ampliano l'andamento della sperimentazione. Abbandonando classificazioni e metodi predefiniti, il lavoro transdisciplinare e partecipativo disvela inattese possibilità di esplorare altri campi con cui confrontarsi.

IL LIBRO

Così come è accaduto con Transversal Territory, volevamo che anche il libro diventasse una sorta di campo di sperimentazione. Per questo motivo la pubblicazione è diventata una ricerca di graphic design sviluppata in collaborazione con la University of Arts and Design HEAD Genève. L'oggetto che tenete in mano è nato da una delle tante proposte brillanti presentate dai suoi studenti.

Dopo questa breve introduzione su Transversal Territory, sulle riflessioni e le domande che hanno guidato il nostro lavoro, la parte restante del libro è dedicata alla ricerca effettuata nel luglio del 2022 nel quartiere Rime Brecch di Mendrisio e alle venti installazioni e performance che abbiamo poi realizzato e presentato al pubblico a settembre. Sapevamo di compiere una spedizione nell'ignoto, cosa sempre rischiosa, ma l'esperienza è stata decisamente positiva e ci ha ulteriormente motivati a continuare a sviluppare questo tipo di ricerche. Ci auguriamo inoltre che il libro possa ispirare urbanisti, architetti, scienziati, artisti, danzatori e studenti, spingendoli ad avventurarsi verso l'ignoto anche quando non solo i risultati ma persino il percorso si prospettano incerti.

BETWEEN RAILWAY AND HIGHWAY

TRA LA FERROVIA E L'AUTOSTRADA

Named after two streets within it, Rime Brecch is a district of Mendrisio situated in the valley plateau between the railway and the highway, both of which cross Switzerland from north to south. A peripheral area of the city until recently, today it is located in its centre. It looks like the typical suburban neighbourhoods we find all around in Europe and elsewhere; everything seems to have unfolded randomly, without a plan or preliminary reflection. What we see here is a mix-up of industry, residential blocks, single-family houses, shopping malls, fast food facilities, gas stations, parking lots, agricultural fields, waste lands, a huge hotel, a gambling casino and a complex web of roads and highway accesses crossing and surrounding the area in all directions. Many people cross this space every day, mostly by car, but just a few live and work here. Rime Brecch belongs to those parts of our cities we often show a lack of interest in, or even contempt for, mostly considering them banal, residual, marginal, left over, anonymous, incoherent, damaged, ugly, incongruous and sometimes even dangerous. Their very appearance reflects the dilemma of not really being felt as belonging to the city, nor to the natural environment. Could such areas reveal neglected aspects of our culture and way of life?

Rime Brecch, il quartiere di Mendrisio che prende il nome da due delle sue vie, è situato in un'area pianeggiante tra la ferrovia e l'autostrada, che attraversano entrambe la Svizzera da nord a sud. Fino a qualche tempo fa si trattava di una zona periferica della città, oggi è situata nel centro. Rime Brecch è un tipico quartiere suburbano, simile a molti altri che si trovano in Europa e altrove, il cui sviluppo non sembra essere stato oggetto di un lavoro preventivo di riflessione e pianificazione. Composto da edifici industriali, palazzi residenziali, case monofamiliari, centri commerciali, fast food, stazioni di servizio, parcheggi, campi coltivati, terreni incolti, un grande albergo, un casinò, è percorso e circondato in tutte le direzioni da strade e svincoli autostradali. Molte persone lo attraversano ogni giorno, soprattutto in auto, ma poche ci vivono e lavorano. Rime Brecch è una di quelle zone delle nostre città per le quali spesso mostriamo disinteresse, se non addirittura disprezzo, considerate perlopiù banali, residuali, marginali, abbandonate, anonime, incoerenti, danneggiate, brutte, incongrue e talvolta persino pericolose. La sua configurazione è lo specchio del suo non appartenere né alla città né all'ambiente naturale. Queste aree potrebbero rivelare aspetti trascurati della nostra cultura e del nostro modo di vivere?

45° 52' 19" N | 8° 58' 33" E

SKY FOREST

"Standing in the centre of the circle, I feel uncomfortable, too far away from my senses. I would like to build a vegetal refuge… in connection with the nature from which I always seem to distance myself. Fruit trees, bushes, flowers, that's what's missing in this place. The forest, as it grows, reminds me of my human nature and my need for vegetation, which seems to be in constant contradiction with this out-of-scale machinery. Thus, in the centre of the circle, walking between the shrubs, I feel protected."

Participant

Next to a large hotel complex we discover, at the end of an uphill road, a helipad overlooking the highway, its huge red-and-white graphic sign appearing like a landmark. Planting a forest on it could create the image of an island as a warning sign. To define the impact, shape and amount of vegetation we need, we take position on the site and make slow movements with our bodies that are barely visible from the outside, as if we were plants. Knowing what we need after this experiment, we ask the municipal gardening if we can borrow plants from them. We are in July. The plants we finally receive in September are the ones that withstood the summer heat without watering, which was prohibited due to a lack of water.

On the morning of the public presentation, another incident marks this installation: a very strong wind topples most of the plants. We have to tie them together and the city gardening staff brings large stones to make the plants windproof. Beyond the planned warning sign, the project becomes an act of resistance.

FORESTA DEL CIELO

«In piedi al centro del cerchio mi sento a disagio, troppo distante dai miei sensi. Vorrei costruire un rifugio vegetale… per creare un legame con la natura dalla quale mi sembra sempre di prendere le distanze. Alberi da frutto, cespugli, fiori, ecco cosa manca in questo posto. La foresta che cresce mi ricorda la mia natura umana e il mio bisogno di verde, che pare in costante contraddizione con questa meccanica del tutto sproporzionata. Così al centro del cerchio, camminando tra gli arbusti, mi sento protetto.»

Partecipante

Percorrendo una strada in salita nei pressi di un grande complesso alberghiero, scopriamo un eliporto che domina l'autostrada. L'enorme segnaletica d'identificazione rossa e bianca ne fa un punto di riferimento. Se qui piantassimo una foresta, potremmo creare l'immagine di un'isola che funga da segnale d'avvertimento. Per definire l'effetto, la forma e la quantità di verde di cui abbiamo bisogno, ci distribuiamo sul sito e cominciamo a muoverci lentamente con movimenti appena percepibili, come fossimo piante. Terminato l'esperimento sappiamo di cosa abbiamo bisogno, così chiediamo al servizio giardini del comune di prestarci le piante. È luglio. Le piante che finalmente riceviamo a settembre sono sopravvissute al caldo dell'estate senza essere state ben annaffiate a causa delle limitazioni imposte al consumo idrico nei periodi di siccità.

La mattina della presentazione al pubblico un altro imprevisto modifica l'installazione: un forte vento butta giù gran parte delle piante. Siamo costretti a legarle e i giardinieri del comune portano grandi pietre per impedire ai vasi di cadere. Al di là di quanto programmato, il progetto diventa un atto di resistenza.

45° 52' 19" N | 8° 58' 33" E

SKY FOREST

FORESTA DEL CIELO

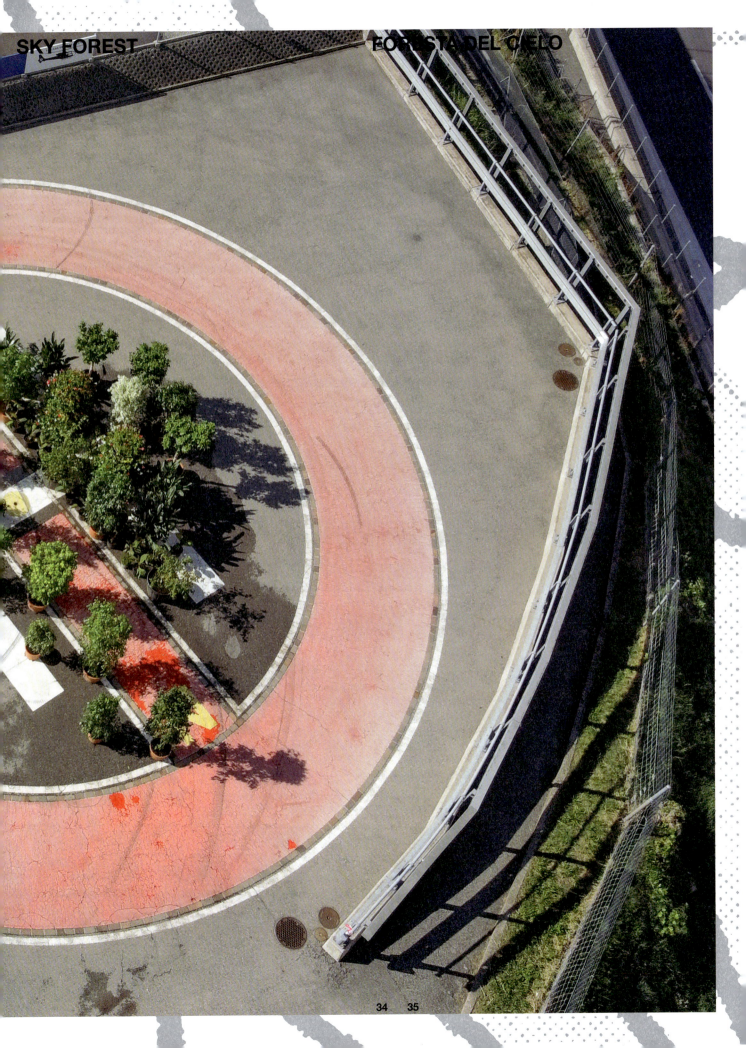

SKY FOREST FORESTA DEL CIELO

45° 52' 30" N | 8° 58' 43" E

ANTIGONE

"I do know what I am talking about! Now it is you who have stopped understanding. I am too far away from you now, talking to you from a kingdom you can't get into, with your quick tongue and your hollow heart. I laugh, because I see you suddenly as you must have been at fifteen: the same look of impotence in your face and the same inner conviction that there was nothing you couldn't do. What has life added to you, except those lines in your face, and that fat on your stomach?"
Antigone

A prefabricated windowless building reminiscent of a suburb shopping mall houses a huge casino. Its entrance, which faces the highway, has a fake temple-like façade with classical columns and sculptures illuminated by a dramatic red light at night. On one of the windowless side façades, which faces the access road and a McDonald's, we discover a dozen ventilation units hidden behind some trimmed bushes. We begin to rehearse a performance of creatures living between these bushes and the ventilation units, so that from the street you can see body parts appearing between the branches. But because we are working so close to the ventilation units, which look like loudspeakers, we can feel the heat and hear the noise emanating from inside the casino. This situation impresses us so much that, instead of doing a performance, we decide to change the concept and make the public enter and discover this hidden place. We also want to connect this place with the temple-like front façade. We record fragments of Jean Anouilh's *Antigone* and let them play through loudspeakers hidden in the bushes, with intervals of silence in between. The voice of Antigone can be heard from the street, inviting people to enter into that space behind the bushes. The passer-by becomes the mediator between Antigone, the classical sculptures of the front façade and the inside of the casino: witness, accomplice, friend, enemy…

ANTIGONE

«Si, so quel che dico, ma siete voi a non sentirmi più. Vi parlo da troppo lontano adesso, da un regno nel quale non potete più entrare con le vostre rughe, la vostra saggezza, la vostra pancia. Ah! Rido, rido perché ti vedo a quindici anni, tutto d'un tratto! È la stessa aria di impotenza e di credere che si può tutto. La vita ti ha solo aggiunto tutte queste pieghettine sul viso e questo grasso intorno.»
Antigone

Un edificio prefabbricato privo di finestre, che ricorda un centro commerciale suburbano, ospita un enorme casinò. La facciata principale rivolta verso l'autostrada riprende lo stile di un antico tempio con colonne e sculture che di notte vengono illuminate da drammatiche luci rosse. Camminando intorno all'edificio scopriamo che su una delle facciate laterali, che dà sulla principale via d'accesso e su un McDonald's, c'è una dozzina di unità di ventilazione nascoste dietro delle siepi potate. Cominciamo a provare la performance: immaginiamo di essere creature che vivono tra i cespugli e le unità di ventilazione; guardando la scena dalla strada si vedono parti dei corpi comparire tra i rami. Stiamo lavorando proprio accanto alle unità di ventilazione—che sembrano altoparlanti—e sentiamo l'aria calda e il rumore che provengono dall'interno del casinò. La situazione ci colpisce al punto da farci cambiare idea. Decidiamo di inscenare una performance che invogli gli spettatori a scoprire questo luogo nascosto, collegandolo anche alla facciata principale simile a un tempio. Registriamo brani tratti dall'*Antigone* di Jean Anouilh e li trasmettiamo attraverso altoparlanti nascosti nelle siepi, intervallandoli con momenti di silenzio. La voce di Antigone arriva fino alla strada, spingendo la gente a entrare nello spazio dietro ai cespugli. Il passante diventa così un mediatore tra Antigone, le sculture classiche della facciata principale e l'interno del casinò: testimone, complice, amico, nemico…

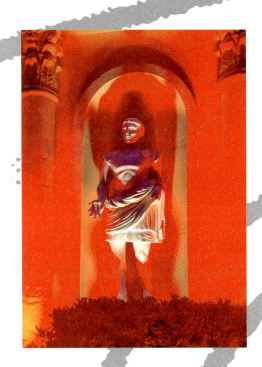

45° 52' 30" N | 6° 58' 43"

ANTIGONE   ANTIGONE

45° 52' 11" N | 8° 58' 25" E

THE CONFERENCE OF THE FISHES

**Your pet as a movie star!
Dog, cat, rabbit, guinea pig, bird, fish in the aquarium, reptile... everyone can participate!**
From the flyer

Through flyers we put in the mailboxes of the locals at the Rime Brecch district, we ask them to make a one-minute video of their pet and send it to us. In some thirty videos we have collected, we discover the transversal existence of various species living in the same neighbourhood, hidden behind the house façades: dogs, cats, turtles, a big tarantula, rabbits, many birds and fish... These pets, which remain mostly unseen, bear witness to the deep-rooted bond we have with animals and nature in general, but also epitomize how separated we have become.

With the videos we receive we make a film. As we have many shots of fish in aquariums, this becomes the central motif of the film, with other animals appearing in between. Then we project the film onto the huge oil cisterns near the highway at night, so that it can be sighted from various spots. The flow of white and red lights of the cars along the highway in the background mingles with the slow motion movements of the pets—those hidden inhabitants of Rime Brecch.

LA CONFERENZA DEI PESCI

**Il tuo animale domestico come una star del cinema!
Cani, gatti, conigli, porcellini d'India, uccellini, pesci dell'acquario, rettili... tutti possono partecipare!**
Dal volantino

I volantini che abbiamo distribuito nelle cassette della posta dei residenti di Rime Brecch invitavano le persone a realizzare e mandarci un video di un minuto con protagonista il loro animale domestico. Abbiamo ricevuto una trentina di video che ci hanno fatto scoprire una natura trasversale di diverse specie che vivono nello stesso quartiere, nascoste dietro le facciate delle case: cani, gatti, tartarughe, una grossa tarantola, conigli, molti uccellini e tanti pesci. Questi animali, che in molti casi non sono visibili, sono la testimonianza del nostro profondo legame con le altre specie che popolano il pianeta e con la natura in generale, ma attestano anche lo stato di separazione dall'ambiente naturale in cui del resto viviamo anche noi.

Montiamo i video creando un unico film. Poiché disponiamo di molte riprese di pesci nell'acquario, ne facciamo il motivo principale del film, con altri animali che compaiono nel mezzo. Poi, proiettiamo il film di sera sugli enormi serbatoi di combustibili che fiancheggiano l'autostrada in modo che possa essere visto da diversi punti. Il flusso di luci bianche e rosse delle auto che passano sullo sfondo si combina con i movimenti a rallentatore degli animali domestici, gli abitanti nascosti di Rime Brecch.

45° 52' 11" N | 8° 58' 25" E

THE CONFERENCE OF THE  **LA CONFERENZA DEI PESCI**

THE CONFERENCE OF THE FISHES

45° 52' 16" N | 8° 58' 30" E

THE CAVE

"A forgotten story, hidden among the oaks, tells of past lives."
Participant

An elderly woman tells us about a cave hidden in a small forest on a slope between the industrial area and the highway. The story reminds a participant that her mother, like many women of generations past, went there to pray. She tells us that there used to be a Madonna in the cave, which was stolen years ago; since then, the cave has been closed off with a grid and forgotten. She is so touched to rediscover the cave she knew about from her childhood that she starts searching for a similar Madonna and, by chance, finds one in a second-hand store. She puts the Madonna "back" into the cave. She also remembers that there was a spring and water coming out of the cave. Using plastic we found in the local recycling centre and cast-off fabric, we form a stream flowing out of the cave and leading to the nearby path and highway.

Like the location of the "Catarina Da Mara Fall" installation, this place is very close to the ancient site where witches were burned, and it feels like this cave too has a connection to that past. After researching, participants find texts and poems about those burned women. These texts are printed on small sheets of paper and hung on branches, like prayers, around the cave entrance.

LA GROTTA

«Una storia dimenticata, nascosta tra i roveri, racconta di vite passate.»
Partecipante

Una donna anziana ci racconta di una grotta nascosta in un boschetto, su un pendio che si ergeva tra l'area industriale e l'autostrada. A quel punto una partecipante si ricorda che sua madre, al pari di molte altre donne delle generazioni precedenti, andava lì a pregare. Nella grotta c'era una statua della Madonna che fu rubata molti anni fa. Da allora la grotta fu chiusa con una grata e poi dimenticata da tutti. La partecipante è così emozionata nel ritrovare la grotta che conosceva dall'infanzia da decidere di cercare una statua simile della Madonna. Ne trova per caso una in un negozio di oggetti usati. Rimette la Madonna dentro la grotta. La donna ricorda anche una sorgente e l'acqua che scorreva fuori dalla grotta. Usando la plastica trovata nel centro di riciclaggio del posto e alcuni tessuti di seconda mano creiamo un torrente che dalla grotta porta al vicino sentiero e all'autostrada.

Come il sito dell'installazione «La cascata Catarina Da Mara», questo sito è molto vicino al luogo in cui venivano bruciate le streghe e pare che anche la grotta sia in qualche modo collegata a quel passato. Facendo ricerche a questo riguardo, i partecipanti trovano testi e poesie su quelle donne morte sul rogo. Stampiamo i testi su piccoli fogli di carta che poi vengono appesi come fossero preghiere sui rami accanto all'entrata della grotta.

45° 52' 16" N | 8° 58' 30" E

THE CAVE   LA GROTTA

THE CAVE　　　　　　LA GROTTA

45° 52' 22" N | 8° 58' 36" E

PANORAMIC VIEW

To change perspective, we plan to bring the public onto the rooftop of the huge hotel in the centre of the Rime Brecch district. From there you have a 360-degree panoramic overview of the site, which is unknown to the Mendrisio locals. As the wind is too strong at the public presentation, this has to be cancelled.

VEDUTA PANORAMICA

Per cambiare prospettiva pensiamo di portare il pubblico sul tetto di un grande albergo che si trova al centro del quartiere di Rime Brecch. Da lassù si può avere una visione totale del sito, un panorama che gli abitanti di Mendrisio non conoscono. Purtroppo, il giorno della presentazione pubblica c'è un vento fortissimo e la visita viene cancellata.

45° 52' 27" N | 8° 58' 45" E

NINE O'CLOCK

"How often does the everyday seem obvious, trivial, unchanging to us? How often do we take for granted what has always been so?"
Participant

Nine cement sewer pipes form a three-quarter snail shape curve around a parking sign. This raw entrance configuration makes us think of a bench in a village on which elderly people sit and stare ahead, as if time stood still.

Our performance consists of a person walking down the street, going around the pipes and sitting on the ground between them. Only her head and gaze directed into the distance appear behind one of the pipes, which seems to have become her body. Another person comes up the street, climbs onto a pipe and looks in the same direction. A third person approaches, stands in front of them, then turns around and sits on a pipe while staring in the same direction. The three of them remain motionless for a while, then the one standing returns the way she came while the other two stand up one by one and continue on their way along the street.

ORE NOVE

«Quanto spesso la quotidianità ci sembra ovvia, banale, immutabile? Quanto spesso diamo per scontato ciò che è sempre stato così?»
Partecipante

Nove tubi in cemento formano una sorta di semi-curva a spirale intorno al cartello stradale di un parcheggio. La loro disposizione ci fa pensare alla panchina di un paesino su cui siedono alcuni anziani con lo sguardo fisso in avanti. È come se il tempo si sia fermato.

Questa la nostra performance: una persona cammina per strada, gira intorno ai cilindri e si siede per terra al centro della spirale. Dall'esterno si vede soltanto la sua testa, il suo sguardo che sembra rivolto verso l'infinito e un tubo che sembra essere diventato il suo corpo. Sopraggiunge un'altra figura, sale su un tubo e guarda nella stessa direzione. Una terza si avvicina, si ferma davanti a loro poi si gira, si siede su un cilindro e guarda nella stessa direzione. Le tre rimangono immobili per un po', poi la persona in piedi torna indietro lungo la strada da cui era arrivata. Le altre due si alzano una dopo l'altra e riprendono a camminare per la strada.

45° 52' 27" N | 8° 58' 45" E

NINE O'CLOCK

ORE NOVE

58 59

45° 52' 27" N | 8° 58' 45" E

NINE O'CLOCK

ORE NOVE

45° 52' 13" N | 8° 58' 28" E

CATARINA DA MARA FALL

In 1554, the execution of the "witch" Catarina Da Mara from Mendrisio took place in the Cercera area.
Information on Cardholder

Between access roads, parking areas and industrial buildings, a small path overlooking huge oil cisterns and the highway leads down a hill to a small stream. The path is flanked by a wooden balustrade like those you'd find in the mountains; a curved access ramp floats above it, leading to a rooftop parking. This totally absurd sight becomes even more disconcerting when an inhabitant of Mendrisio explains that a particular spot under a highway bridge visible from here is the place where a few centuries ago one of Switzerland's major witch burnings took place. Catarina Da Mara was one of the witches. How to react to all of that?

We want to give those burned women the attention they deserve and take a stand against the negligence of memory this urban situation implies. Our initial idea is to construct a giant waterfall falling down the curved parking access ramp, but then, to emphasize the contrast between what is present and what is absent, we decide not to materially construct the waterfall but to represent it as something missing. We create point of interest postcards of Mendrisio showing the waterfall we name "Catarina Da Mara" and place a cardholder along the small path as a tourist spot, where the cards are free to take.

LA CASCATA CATARINA DA MARA

Nel 1554 nella zona Cercera ebbe luogo l'esecuzione della «strega» Catarina Da Mara di Mendrisio.
Informazione sull'espositore per cartoline

Circondato da strade, edifici industriali e parcheggi, un piccolo sentiero collinare, con vista su enormi serbatoi di combustibile e sull'autostrada, discende fino a un torrente. Il sentiero è delimitato da una ringhiera di legno, simile a quelle che si trovano in montagna, e sovrastato da una rampa ricurva tramite cui si arriva a un parcheggio sul tetto di un edificio. La situazione sembra del tutto assurda e diventa persino sconcertante quando un abitante di Mendrisio ci spiega che da questa posizione si vede il luogo, oggi sotto un ponte dell'autostrada, dove alcuni secoli orsono fu eseguita una delle principali condanne al rogo per stregoneria della Svizzera. Una di quelle streghe si chiamava Catarina Da Mara. Come si reagisce a un racconto del genere?

Vogliamo dare a quelle donne che furono arse vive l'attenzione che meritano e prendere posizione contro l'oblio che questa situazione urbana implica. L'idea a cui arriviamo è quella di una grande cascata con l'acqua che precipita dalla rampa ricurva del parcheggio. Per accentuare il contrasto tra ciò che è presente e ciò che è assente, decidiamo di non costruire materialmente la cascata ma di evocarne l'assenza. Creiamo così cartoline di luoghi d'interesse di Mendrisio raffiguranti la cascata, che denominiamo Catarina Da Mara, e le inseriamo in un espositore collocato lungo il piccolo sentiero, immaginandolo come un punto di passaggio di turisti. Le cartoline sono a disposizione di chiunque voglia prenderle.

45° 52' 13" N | 8° 58' 28" E

CATARINA DA MARA FALL

LA CASCATA CATARINA DA MARA

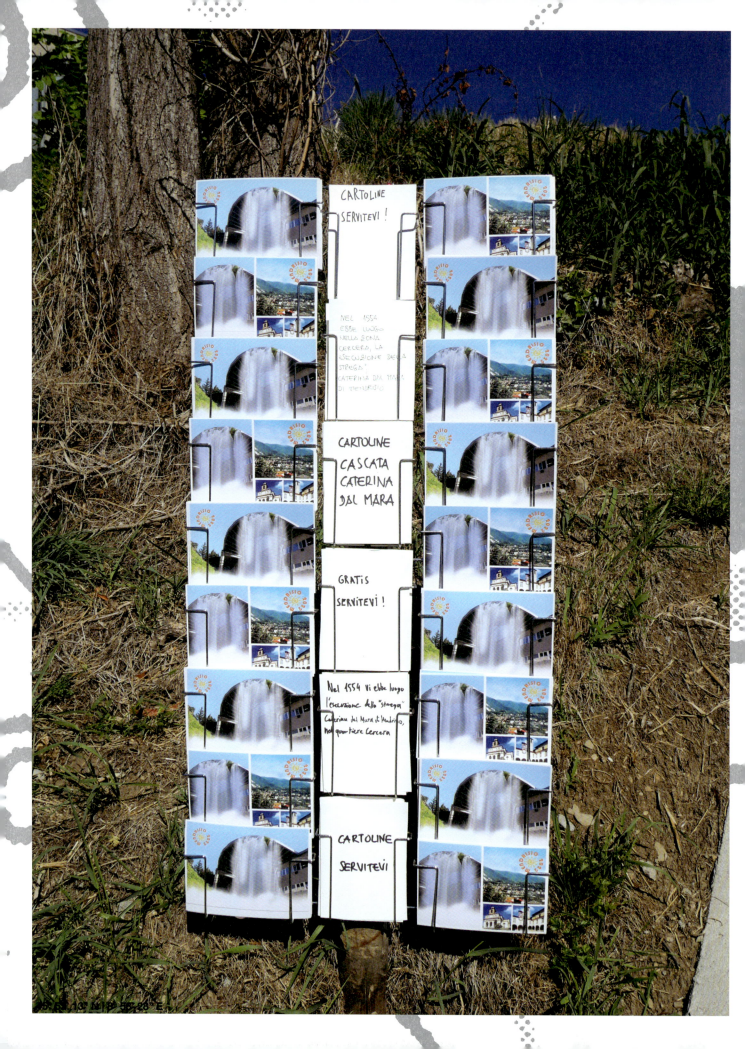

CATARINA DA MARA FALL LA CASCATA CATARINA DA MARA

45° 52' 16" N | 8° 58' 33" E

30 CUBES / 30 CUBI

"The compressed bottles as compressed meaning. A room and a space that reflect the relation between humans and what they produce."
Participant

«Bottiglie compresse come metafora del significato compresso, una stanza e uno spazio che rispecchiano il rapporto tra gli esseri umani e ciò che producono.»
Partecipante

The leftover wooden skeleton of a billboard, which perhaps once announced a construction project on this huge wasteland or served for advertising, invites us to intervene. What could be the building or product we would announce with this billboard?

Instead of planning our project sitting at a table in the studio, we go on site and start creating figures of different shapes and sizes with our bodies and place them in relation to the billboard structure: an immediate and efficient way of taking measurements and designing on human scale. To find an appropriate material we visit the local recycling centre. We are attracted by blocks of about one cubic meter made from compressed plastic bottles ready for recycling. We see parallels between this material and the billboard skeleton, both in a state of transition and devoid of content. As an intermediate stop on their way to the recycling factory, we build a circular structure out of these blocks, with an opening facing the valley. The plastic bottles enter into a dialogue with the environment by making slight movements and sounds in the wind and changing colour and appearance according to the light.

L'intervento prende spunto dallo scheletro di legno di un vecchio cartello di cantiere, o forse pubblicitario, abbandonato in un grande terreno incolto. Quale tipo di edificio o di prodotto avremmo annunciato?

Invece di sviluppare il nostro progetto seduti intorno a un tavolo dello studio, ci rechiamo sul posto e iniziamo a creare con i nostri corpi figure di forme e dimensioni diverse, prendendo come punto di riferimento la struttura del cartellone. Ecco un modo efficace e immediato di prendere le misure di un luogo e di progettare qualcosa a misura d'uomo. Per trovare il materiale giusto visitiamo un impianto di riciclaggio locale. Rimaniamo colpiti dalle balle di circa un metro cubo, ottenute comprimendo le bottiglie di plastica. Individuiamo un parallelo tra questo materiale e lo scheletro del cartellone: entrambi sono in uno stato di transizione, caratterizzato dall'assenza di contenuto. Come se si trattasse di una tappa intermedia del loro viaggio verso l'impianto di rigenerazione, le balle di plastica vengono usate per costruire una struttura circolare con un'apertura affacciata sulla valle. Le bottiglie dialogano con l'ambiente con movimenti leggeri e suoni causati dal vento e cambiano colore e aspetto a seconda della luce.

45° 52' 16" N | 8° 58' 33" E

30 CUBES

30 CUBI

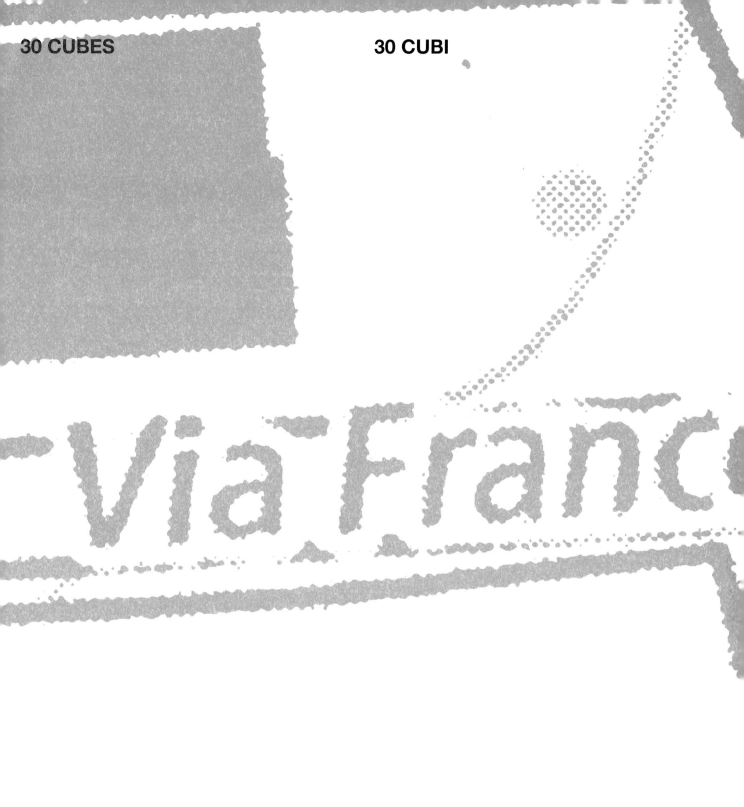

esco Borro

45° 52' 16" N | 8° 58' 33" E

30 CUBES **30 CUBI**

45° 52' 16" N | 8° 58' 33" E

30 CUBES　　　　　　　　30 CUBI

45° 52' 11" N | 8° 58' 28" E

DISCO

When we first present the site we want to work on to the participants, one of the locals tells us about a big dance hall there. To our surprise, no one else knows this place. On Saturday night, we enter an anonymous industrial building and discover one of those places you don't believe exist until you have seen it. On the first floor, we open an ordinary-looking door and unexpectedly step into a crowded pizzeria. From a second eating room, a mechanical glass door opens onto a huge disco with a central dancefloor surrounded by concrete pillars, numerous tables, a bar and a stage. Above our heads several screens showing soccer games and horse races interfere with the all-over installation of disco lights. A live band is playing on stage while many, mostly elderly people in evening dresses are dancing. Some of them rehearse dance steps together. The owner explains us that this place has existed for over twenty years, the only one of its kind to have survived in the region. We decide to conclude the public presentation in this "transversal territory". We don't add anything—just dance.

DISCOTECA

Quando presentiamo al gruppo il sito in cui vogliamo intervenire, un abitante del quartiere ci racconta che proprio in quel posto si trova una grande discoteca. Con nostra sorpresa nessun altro conosce il locale. Un sabato sera entriamo in un anonimo edificio industriale e scopriamo uno di quei luoghi che non si immagina neppure che esistano se non li si vede con i propri occhi. Saliti al primo piano apriamo una porta che non ha niente di speciale e ci ritroviamo inaspettatamente in un'affollata pizzeria. In una seconda sala c'è una porta automatica di vetro attraverso la quale si accede a un'enorme discoteca con al centro la pista da ballo circondata da pilastri di calcestruzzo, tavolini, un bar e un palco. Sopra la nostra testa diversi schermi su cui sono trasmesse partite di calcio e corse di cavalli interferiscono con le luci da discoteca collocate un po' dappertutto. Sul palco una band suona dal vivo, mentre in pista molte persone, in gran parte anziani in abito da sera, ballano. Alcuni provano i passi di un ballo collettivo. La proprietaria ci spiega che questo locale esiste da più di vent'anni ed è l'unico del genere sopravvissuto nella regione. Decidiamo che la presentazione pubblica si concluderà in questo «territorio trasversale», al quale non aggiungeremo niente—semplicemente balliamo.

DISCO

DISCOTECA

THE DOOR

"A door is a mean of communication —if it's closed, it tells us 'I want to be alone'. It is the little staircase behind the door that desires to be alone, who knows why, but there are spies…"
Participant

On a small slope next to the road, we discover barely perceptible steps. Curious to know where they lead, we climb up. We end up in the middle of a wide grass field and realize that, as nobody would access the field from this side, surprisingly these steps have no function at all. By engaging our bodies, we go through various scenarios that could provide them with meaning, such as connecting different ages, the earth to the sky, or ascending together in a sort of life path—the notion of transition is intriguing. Someone comes up with the idea of a door. Although a door, by just being a door, conveys the function of leading into another space, the one we install cannot be opened: an ever-closed door that invites to imagine what reality could lie behind it. With no walls surrounding it, our door has a small opening to look through. All of this contradicts the "closedness" of the door.

LA PORTA

«Una porta come mezzo di comunicazione, quando è chiusa ci dice "voglio stare da sola", ed è la piccola scalinata che sta dietro la porta che desidera rimanere da sola, chissà perché, però ci sono le spie…»
Partecipante

Percorrendo un piccolo pendio vicino alla strada scopriamo alcuni gradini visibili a stento. Curiosi di scoprire dove conducono, saliamo uno dietro l'altro su questa scalinata nascosta e ci ritroviamo in un vasto terreno erboso. Considerato che nessuno accede al campo da questo lato, ci rendiamo conto con sorpresa che in realtà i gradini di pietra non hanno alcuna funzione. Usiamo il corpo per immaginare vari scenari che possano dare loro un significato: potrebbero, per esempio, rappresentare un collegamento tra età diverse o tra la terra e il cielo. Se occupassimo tutti gli scalini si potrebbe pensare a un percorso di vita. Ci affascina l'idea della transizione. A qualcuno viene in mente una porta, un oggetto che per definizione esprime l'idea dell'ingresso in un altro spazio. Ma la porta che installiamo non può essere aperta. Una porta sempre chiusa è un invito a immaginare quale realtà si potrebbe trovare dietro questa simbolica barriera. La mancanza di pareti intorno alla porta e la presenza di una finestra per guardare al di là contraddicono questo concetto di chiusura.

45° 52' 10" N | 8° 58' 30" E

THE DOOR

LA PORTA

THE DOOR LA PORTA

45° 52' 22" N | 8° 58' 46" E

QUIZ

I do not exist
I am the void
I am the margin that remains
in the shadow
I am the never
I am the non-existence, the fading
Away away from these places
that are foreign to me
Away you go

Working with the locals also means adapting to their possibilities and schedules, leaving space for different types of processes and needs. For example, one participant works all day, so we add evening sessions. Working in the dark triggers the exciting suggestion to do an intervention whose position is not marked on the map of the public event and must be discovered by the visitors.

In a dead end, we come across an amazingly shaped street line that draws a loop between a mix-up of single-family houses, residential blocks and parking lots. As we don't want it to be obvious for the public to discover, the idea comes up to write a text, tone on tone on the white street line; a text related to this district, about invisibility and inexistence. Once permission is obtained from the police, we do it at night. Noticing the light in the middle of the street some neighbours watch behind the windows, others realize what we are doing, come out and help. In no time, we have an incredible "writing" team.

QUIZ

Io non esisto
Io sono il vuoto
Io sono il margine che resta
all'ombra
Io sono il mai
Io sono l'inesistenza la dissolvenza
Via via da questi luoghi che
mi sono estranei
Via vai

Lavorare con gli abitanti di un luogo significa anche adattarsi alle loro possibilità e ai loro orari. In questo modo si creano le condizioni per diversi tipi di processi ed esigenze. Uno dei partecipanti, per esempio, lavora di giorno così abbiamo aggiunto incontri serali. Complice il fatto che lavoriamo con il buio, nasce l'idea di realizzare un intervento che non sia indicato nel programma dell'evento pubblico e che i visitatori debbano scoprire da soli.

Scopriamo una strada senza uscita con una strana segnaletica orizzontale che disegna una sorta di cappio tra case unifamiliari, edifici residenziali e parcheggi. Non volevamo che il nostro intervento fosse facile da scoprire, così abbiamo deciso di scrivere tono su tono sulla striscia bianca un testo legato al quartiere che parli di invisibilità e di inesistenza. Ottenuto il permesso dalla polizia, realizziamo l'intervento di notte. Alcuni abitanti della strada si accorgono della luce e ci guardano dalla finestra, altri non appena capiscono cosa stiamo facendo vengono ad aiutarci. In poco tempo si crea una squadra straordinaria di «scrittori».

45° 52' 22" N | 8° 58' 46" E

QUIZ

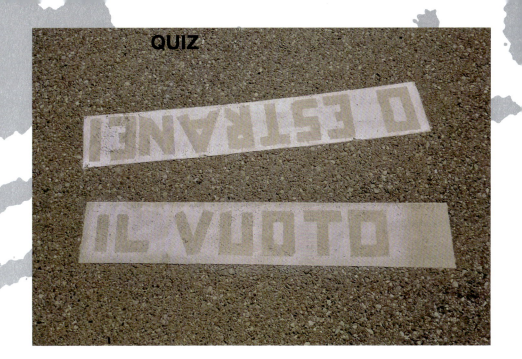

QUIZ

45° 52' 25" N | 8° 58' 48" E

PURGATORY

"The diagonals, the generations, the speed of time, the present, the restlessness, the expectations, the inabilities to wait, to look, to listen, to go deeper. The participation was incredible! Seeing the great commitment of these elderly people, despite the cold and icy wind, was a unique event for me!"
Participant

One evening we come across a huge shopping mall parking of the size of a soccer field, usually full of cars in the daytime but completely empty and unused at night. We are amazed by its ground texture, its topographic position below a grassy hill, the placement of street lighting, a huge road sign, a private garden wall, a fence, and many other elements that together make it appear like an immense, ghostly amphitheatre. How to animate this space and turn it into the theatrical set we see in it through the presence of our bodies?

We explore it during several evening sessions: balancing on the tiny fence, climbing the traffic sign, walking diagonally through the space, rolling down the hill in slow motion, doing group movements and theatrical acts. But the more we practise, the more we feel lost in its immensity, in the multitude of possibilities, in its impermanence, in its atmosphere out of time and space. This place is both familiar and completely alien to us. We decide to call it "Purgatory".

A shift of perception takes place when a performer sits in the middle of the place, creating a centre of gravity. Suddenly, it seems possible to play out this space, but we need more performers. We call Mendrisio's nursing home and to our surprise, ten residents aged 85 to 95 are motivated to take part. We rehearse with them walking, gazing, body presence. To avoid falling, they need chairs and escorts. In the end, there are about thirty more people for the performance.

To give an idea of the unique energy these elderly people bring with them, in addition to their presence and age, let us tell you about the perfor-

PURGATORIO

«Le diagonali, le generazioni, la velocità del tempo, il presente, l'inquietudine, le aspettative, l'incapacità di aspettare, guardare, ascoltare, approfondire. È stata una partecipazione incredibile! Vedere questi anziani impegnarsi tanto, nonostante il freddo e il vento gelido è stato un momento unico per me!»
Partecipante

Una sera scopriamo che l'enorme parcheggio di un centro commerciale (grande come un campo di calcio) che di giorno è pieno di auto, di notte è completamente vuoto e inutilizzato. Rimaniamo colpiti da diversi elementi che lo caratterizzano: il tipo di pavimentazione, la posizione ai piedi di una collina erbosa, la collocazione dei lampioni stradali, l'enorme insegna stradale, il muro di un giardino privato, la recinzione e molto altro ancora. Tutto contribuisce a conferirgli l'aspetto di un immenso anfiteatro dall'atmosfera spettrale.

È possibile animare questo spazio, trasformandolo nel teatro che immaginiamo con la presenza dei nostri corpi? Esploriamo il luogo nel corso di alcuni incontri serali: c'è chi cerca di stare in equilibrio sulla stretta recinzione, chi si arrampica sul segnale stradale, chi attraversa lo spazio in diagonale, chi scende giù dalla collina al rallentatore. Eseguiamo anche movimenti di gruppo e coreografie teatrali. Ma più ci esercitiamo, più ci sentiamo smarriti nell'immensità di questo luogo, nella moltitudine di possibilità, nella sua impermanenza, nella sua atmosfera fuori dal tempo e dallo spazio. Un luogo che ci appare familiare e del tutto estraneo allo stesso tempo. Lo chiamiamo «Purgatorio».

Un cambio di percezione si verifica quando un performer si siede in mezzo al parcheggio, creando un centro di gravità. All'improvviso ci rendiamo conto che è possibile realizzare un intervento ma abbiamo bisogno di un numero maggiore di performer. Contattiamo una casa di riposo per anziani di Mendrisio e con nostra grande sorpresa dieci residenti, di età compresa tra gli 85 e i 95 anni, accettano di partecipare al progetto. Le prove si

mance day. Due to the strong wind, the management of the nursing home cancels their participation; but in a last attempt of negotiation, we learn that the residents have already decided to take part anyway.

Based on the human presence alone and without any narrative, this performance has triggered many questions and reflections on the interaction between space, our existence and the passing of time.

incentrano sullo sguardo, la presenza del corpo e sul percorrere a piedi lo spazio. Per evitare di cadere alcuni hanno bisogno di una sedia e di accompagnatori. Adesso disponiamo di una trentina di persone in più per la nostra performance.

Per darvi un'idea della straordinaria energia che queste persone hanno apportato al progetto, oltre alla loro presenza e alla loro età, vogliamo raccontarvi un aneddoto sul giorno della performance. A causa del forte vento, la direzione della casa di riposo ha annullato la partecipazione degli anziani. In un ultimo tentativo di negoziazione, veniamo a sapere che i residenti avevano deciso di partecipare in ogni caso.

Basata sulla sola presenza umana e senza alcuna narrazione, questa performance ha suscitato molte domande e riflessioni sull'interazione tra lo spazio, la nostra esistenza e lo scorrere del tempo.

45° 52' 25" N | 8° 58' 48" E

PURGATORY

PURGATORIO

45° 52' 25" N | 8° 58' 48" E

PURGATORY

PURGATORIO

45° 52' 25" N | 8° 58' 48" E

PURGATORY PURGATORIO

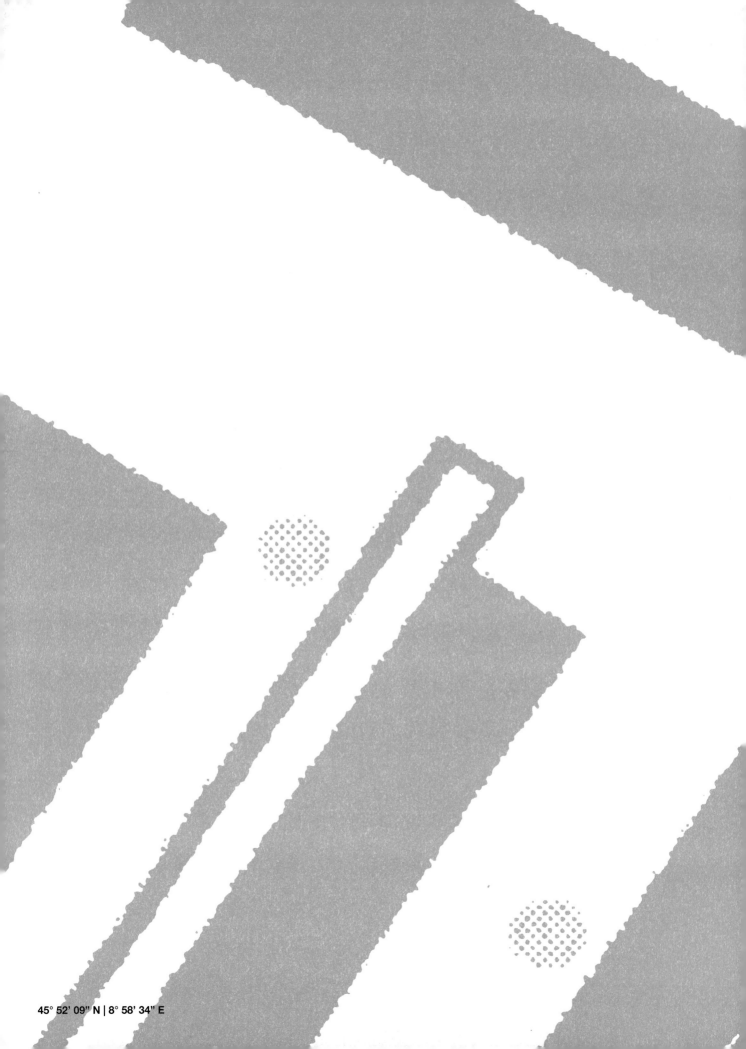

45° 52' 09" N | 8° 58' 34" E

MAP BOOK

"In our design, we wanted to highlight the graphic qualities of the topographic map of the district, but also use it to determine the pace of reading and the progress of the projects. It serves as an overview to help you find your way around the book.
Each project appears in the book on the page corresponding to its position in the territory."
Graphic design students

Among the nine proposals the graphic design students completed for this book, the "map book" seemed the most coherent to illustrate the research we carried out in the Rime Brecch district. In addition to providing orientation, the map spreads out a space for the reader between the interventions, an in-between space that reflects in the book format the sense of space, the genius loci of this district.

The graphic design students have decided to thematize their "map book" concept in the book itself by locating it on the map—here, on this page. It looks as if they have carried out an intervention in this neighbourhood as part of "Transversal Territory"—a virtual installation?

LIBRO MAPPA

« Il nostro progetto intende mettere in risalto le qualità grafiche della carta topografica del quartiere, utilizzandola per determinare il ritmo di lettura e la progressione degli interventi. La carta può fungere da descrizione sommaria per orientarsi all'interno del libro.
Ogni progetto viene illustrato nella pagina che corrisponde alla sua collocazione nel territorio. »
Gli studenti di grafica

Tra le nove proposte degli studenti di grafica per questo libro, il «libro mappa» ci è sembrato il più coerente per illustrare la ricerca che abbiamo svolto nel quartiere Rime Brecch. Oltre a dare l'orientamento, la mappa, che si dispiega pagina per pagina in tutto il libro, comprende anche uno spazio riservato al lettore inserito tra i vari progetti. Uno spazio intermedio che rispecchia nel formato del libro il genius loci del quartiere.

Gli studenti di grafica hanno deciso di tematizzare il loro concetto di «libro mappa» nel libro stesso, localizzandolo sulla mappa in questa pagina. Sembra che abbiano realizzato un intervento in questo quartiere come parte di Transversal Territory—un'installazione virtuale?

45° 52' 09" N | 8° 58' 34" E

MAP BOOK   LIBRO MAPPA

45° 52' 22" N | 8° 58' 48" E

PRIZE CEREMONY

"The insertion of a screen in the flowerbed with information about the past of the place leads us to reorient our antennae towards a broader reading of the area."
Participant

A tiny garden surrounded by red bricks with beautifully tended multicoloured flowers surprises us as it is planted in the centre of an inanimate chaos of walls, parking lots, streets, faceless buildings and a tunnel. A touching taste of well-groomed nature emanates from it. How can we draw attention to the care and love for this tiny garden? We dig in a screen among the flowers showing old photographs of this district when it was green fields. These photos of underlying layers of the pervading asphalt open a window to another space and another time. Furthermore, we decide to celebrate this garden by creating a prize and awarding it to the owner. One of the assistants says he has won a number of cups in his youth and would be happy to give one of them for this purpose. We paint his silver cup in gold and add a metallic plaque with the inscription "Swiss Prize of Urban Design, Transversal Territory, Mendrisio 2022". At the public presentation, we hold an award ceremony and hand over the cup to the owner of this garden.

PREMIO

«L'inserimento nell'aiuola di uno schermo con informazioni sul passato del luogo ci spinge a orientare le nostre antenne verso una più ampia lettura del territorio.»
Partecipante

Al centro di un caos inanimato di muri, parcheggi, strade, edifici anonimi e un tunnel ci sorprende la vista di un minuscolo giardino delimitato da mattoni rossi, pieno di fiori colorati disposti con attenzione, che trasmette un senso rassicurante di natura ben curata. Come possiamo attirare l'attenzione sulla premura e sull'amore con cui viene coltivato questo minuscolo giardino? Pensiamo così di collocare in mezzo ai fiori un piccolo schermo digitale che riproduce vecchie fotografie del quartiere quand'era ancora pieno di campi verdi. Le immagini di ciò che adesso è coperto dall'asfalto aprono una finestra su un altro tempo e un altro spazio. Decidiamo inoltre di rendere omaggio al giardino creando un premio da consegnare al suo proprietario. Un assistente ci dice che ha vinto molti trofei in gioventù ed è disposto a darcene uno per l'occasione. Dipingiamo la sua coppa d'argento con una vernice dorata e aggiungiamo una targa con l'iscrizione «Swiss Prize of Urban Design, Transversal Territory, Mendrisio 2022». La cerimonia di consegna del premio al proprietario del giardino si tiene durante la presentazione pubblica.

SWISS PRIZE OF URBAN DESIGN
TRANSVERSAL TERRITORY
MENDRISIO 2022

45° 52' 22" N | 8° 58' 48" E

PRIZE CEREMONY PREMIO

45° 52' 22" N | 8° 58' 48" E

PRIZE CEREMONY **PREMIO**

45° 52' 05" N | 8° 58' 33" E

THE INVISIBLE WALL

"Who has never dreamed of seeing what is hidden on the other side of the wall?"
Participant

An expressively shaped wooden acoustic wall separates newly built residential blocks from an industrial area. With a height of over six metres, this imposing break in the landscape provokes mixed feelings: attraction for its sculptural vigour and anger towards the attitude it embodies of erecting walls as fake solutions. Taking photographs, we reconstruct precisely what a person would have seen without the wall when walking home. We print it in real size and fix it to the wall. Thus the two realities come to overlap. As we have established the principle of not producing new elements, we decide to do this print on tarp on the condition that it will be reused and transformed into bags after the exhibition.

IL MURO INVISIBILE

«Chi non ha mai sognato di vedere cosa si nasconde dietro un muro?»
Partecipante

Un muro fonoassorbente di legno dalla forma espressiva separa alcuni edifici residenziali di recente costruzione da un'area industriale. Alta più di sei metri, questa imponente interruzione del paesaggio provoca sentimenti contrastanti: ammirazione per la sua forza scultorea e rabbia per il concetto di cui è l'incarnazione: erigere muri come falsa soluzione di un problema. Scattiamo una serie di fotografie per ricostruire esattamente quello che una persona vedrebbe tornando a casa se il muro non esistesse. Le stampiamo a grandezza naturale e le collochiamo sul muro. Le due realtà adesso si sovrappongono. Poiché una delle regole del nostro laboratorio è non produrre elementi nuovi, decidiamo di stampare le foto su tela cerata a condizione che vengano riutilizzate e trasformate in borse dopo la presentazione pubblica.

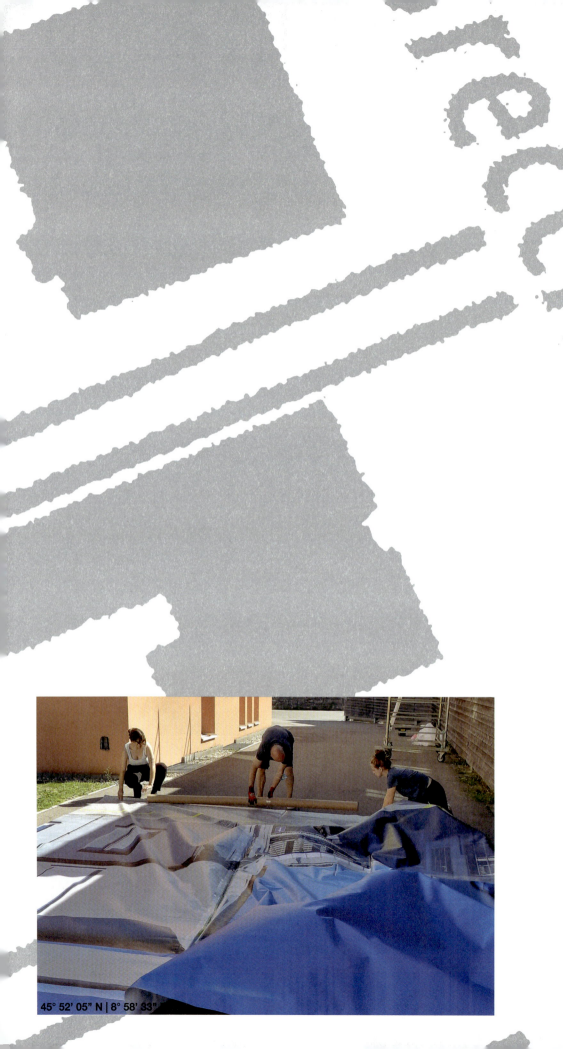

45° 52' 05" N | 8° 58' 33"

THE INVISIBLE WALL

IL MURO INVISIBILE

THE INVISIBLE WALL   IL MURO INVISIBILE

45° 52' 07" N | 8° 58' 33" E

WISHING FOUNTAIN

"The six shells that define the fountain's perimeter are filled with wishes and hope. All you have to do, in good faith, is to take one of the wishing coins in your right hand, turn your back to the fountain and throw it over your left shoulder. In the hope that the myth will become reality."

Participant

This recently built fountain, made of white concrete and surrounded by even whiter gravel, is probably intended to have a cooling function between residential buildings on hot summer days. As its style doesn't fit anything around it, we have the idea to enhance this incongruous presence by adding coloured "wishing coins" into the empty shells. The visitors throwing them into the water would slowly turn it into a multicoloured pond.

Looking for coloured plastic pieces in the local recycling centre, we discover bags full of misproduced shiny silvery medical packages originally destined to contain psychoactive drugs against depression, insomnia, schizophrenia and anxiety disorders. We couldn't even imagine finding such meaningful wishing-coins for the fountain. The specificity of a city reveals itself in the analysis of its waste — indeed, Mendrisio hosts the regional psychiatric clinic. We find these medical packages during our workshop in July, but at the public event in September there is no water in the fountain because of the exceptional summer heat. As absurd as it is, this fountain cannot work when it is mostly needed. We didn't expect it to become a real "Wishing Fountain".

LA FONTANA DEI DESIDERI

« Le sei conchiglie che delimitano il perimetro della fontana sono piene di desideri e speranze. Tutto quello che devi fare, in buona fede è prenderne uno con la mano destra, voltarti dando le spalle alla fontana e lanciarlo al di là della tua spalla sinistra. Tutto nella speranza che il mito diventi realtà. »

Partecipante

La fontana in calcestruzzo bianco costruita di recente e delimitata da un cerchio di ghiaia persino più bianca è stata molto probabilmente concepita per rinfrescare l'aria tra questi edifici residenziali nei caldi giorni d'estate. Il suo stile non corrisponde a nulla di ciò che la circonda, così pensiamo di accentuare questa incongruità mettendo delle monetine colorate nelle conchiglie vuote, in modo che i gesti dei visitatori trasformino lentamente la fontana in una vasca d'acqua colorata.

Cercando pezzi di plastica colorata nel centro di riciclaggio locale, scopriamo diversi sacchi pieni di luccicanti blister argentati difettosi, destinati alla vendita di farmaci psicoattivi contro la depressione, l'insonnia, la schizofrenia e disturbi legati all'ansia. Non avremmo potuto immaginare «monetine dei desideri» più calzanti per la nostra fontana. La specificità di una città si rivela nell'analisi dei suoi prodotti di scarto: Mendrisio ospita la clinica psichiatrica regionale. La scoperta di questi blister per compresse è avvenuta durante il laboratorio nel mese di luglio. La presentazione pubblica si svolge a settembre e la fontana è vuota a causa dell'ordinanza sul risparmio idrico per un'estate eccezionalmente calda. Per quanto assurdo possa sembrare, la fontana non funziona proprio quando sarebbe più utile. D'altra parte, non potevamo aspettarci che diventasse una vera «fontana dei desideri».

Via-Rime.

45° 52' 07" N | 8° 58' 33" E

WISHING FOUNTAIN LA FONTANA DEI DESIDERI

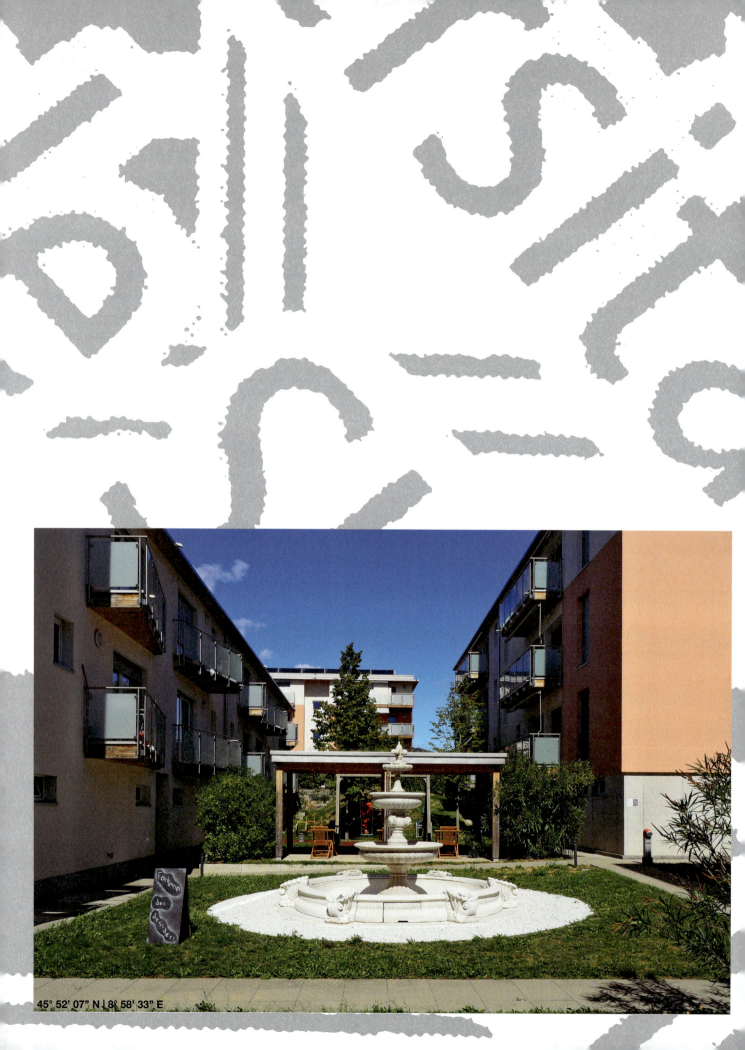

45° 52' 07" N | 8° 58' 33" E

WISHING FOUNTAIN LA FONTANA DEI DESIDERI

45° 52' 21" N | 8° 58' 48" E

THE INVISIBLES

"We do performances live and only once, as impermanent as time and life."
Participant

At some places in the Rime Brecch district we see yellow footprints on the sidewalk. They look like cartoons and seem distributed randomly, probably remnants of an outdated orientation concept. From another point of view, the footprint can be considered as a symbol for the human being, as the foot is the foundation of our body. Whom do these traces belong to? Who walked here? Whose absence is that? We want to visualize the invisibles.

We find two consecutive footprints close to a triangular intersection with a stop sign above them. Three performers walk towards the footprints, taking care not to stand on them by imagining bodies being there. Imitating the position these bodies might have, two performers stand still in front of them and one behind. After a certain amount of time, sufficient for those invisibles to become present, the performers move away, each in a different direction.

GLI INVISIBILI

« Eseguiamo le performance dal vivo e solo una volta, effimero come il tempo e la vita ».
Partecipante

Notiamo che su alcuni marciapiedi di Rime Brecch ci sono delle impronte gialle. Sembrano distribuite a caso, forse sono ciò che resta di un concetto di orientamento ormai superato, sembrano quasi disegni di un fumetto. Vista da un'altra prospettiva, l'impronta può essere considerata come un simbolo dell'essere umano perché il piede è la base del nostro corpo. A chi appartengono quelle tracce? Chi ci ha camminato qui? Di chi è questa assenza? Vogliamo visualizzare gli invisibili.

Due paia di impronte consecutive sono stampate vicino a un incrocio in corrispondenza di un segnale di stop. Tre performer camminano verso le impronte facendo attenzione a non calpestarle presumendo che rappresentino corpi umani fermi in quel punto. Immaginando in quale posizione si trovino, due performer si fermano davanti a loro e uno si colloca alle loro spalle. Dopo qualche momento, il tempo sufficiente perché quegli invisibili diventino presenti, i tre performer si muovono, andando ognuno in una direzione diversa.

45° 52' 21" N | 8° 58' 48" E

THE INVISIBLES / GLI INVISIBILI

45° 52' 21" N | 8° 58' 51" E

CARWASH

Donkeys don't pretend. Here, undisturbed, it lives out its own reality. Something self-evident emanates from it, something inherent in nature. Its authentic, unadulterated presence in this carwash sets a strange trigger for thought. Although a yearly donkey race takes place in Mendrisio and the carwash is out of order due to the summer heat, passing car passengers can't believe their eyes: they stop and some even try to drive in. Obviously out of place in this context, the donkey adds a different, alienating dimension to this carwash, confronting us with a deeply rooted reality within us. Does the donkey here embody or betray our belonging to nature?

LAVAGGIO

L'asino non gioca a «fare finta». Vive indisturbato la propria realtà. Dalla sua figura emana un senso di ovvietà, qualcosa di insito nella natura. La sua presenza autentica e senza orpelli in questo autolavaggio suscita uno strano spunto di riflessione. Anche se a Mendrisio si tiene ogni anno una corsa di asini e l'autolavaggio è chiuso a causa del caldo, gli automobilisti di passaggio non credono ai loro occhi, si fermano e qualcuno tenta persino di entrare con la macchina. Ovviamente fuori luogo in questo contesto, l'asino aggiunge una nuova dimensione all'autolavaggio, inducendoci a riflettere su una realtà profondamente radicata in noi. Ma questo asino rappresenta o nega la nostra appartenenza alla natura?

CARWASH LAVAGGIO

45° 52' 05" N | 8° 58' 36" E

THE FISHERMAN'S HUT

"Reality is made up of people, animals, plants, human beings, interactions, encounters, habits, exchanges and accidents. But also of places—places used, exploited, transformed, places with their own value, past and future. Our perception of these places changes over time, depending on who is looking at them, and on what the observer is looking for."

Participant

Between the railway and a row of car parking lots, an out-of-use crane to unload goods from trains stands on top of a small wall. The aura of bygone times that emanates from the crane's wooden hut conjures up the story of a hermit living there. We first imagine putting a bed on the parking lot in front of it, as an extension of this person's living space. As the story evolves, the imaginary resident becomes a fisherman. We build him a ship out of wastepaper, fix two car tyres on chains behind to protect it from the waves, hang up his clothes to dry on a rope, put his boots in the hut, and attach a fishing net to the crane.

In the discussions about the fisherman, we realize this installation creates connections with the past and the future: archaeologists have found over 200-million-year-old fossils of large marine reptiles on the nearby Monte San Giorgio, which is considered to be one of the most important sites for undersea life from the Triassic Period. Our fisherman fishes both in a sea that was here in times immemorial and in a future sea whose level is rising.

LA CAPANNA DEL PESCATORE

« La realtà è fatta di persone, animali, piante, esseri viventi, interazioni, incontri, abitudini, scambi e incidenti, ma anche di luoghi utilizzati, sfruttati, modificati, con un proprio valore, un passato e un futuro. La percezione di questi luoghi cambia con il passare del tempo, a seconda di chi li stia guardando e a seconda di cosa l'osservatore stia cercando. »

Partecipante

Sopra un muro basso, situato tra la ferrovia e una fila di parcheggi, si erge una gru ormai in disuso che in passato serviva per scaricare le merci dai treni. L'aura d'altri tempi che emana dalla baracca di legno della gru ci fa immaginare che lì viva un eremita. All'inizio pensiamo di mettere un letto nel parcheggio antistante, immaginandolo come un'estensione dello spazio vitale del nostro personaggio. Poi la storia che vogliamo raccontare si sviluppa in un'altra direzione e il residente immaginario diventa un pescatore. Costruiamo così una barca con la cartastraccia, fissiamo due pneumatici di auto a delle catene per proteggerla dalle onde, stendiamo i suoi vestiti ad asciugare su una corda e mettiamo i suoi stivali nella capanna. Attacchiamo alla gru una rete da pesca.

Continuando a parlare del nostro pescatore, ci rendiamo conto che l'installazione crea rimandi al passato e al futuro. Gli archeologi hanno portato alla luce fossili di grandi rettili marini risalenti a oltre 200 milioni di anni fa sul vicino Monte San Giorgio, considerato uno dei siti più importanti per la vita sottomarina del periodo Triassico. Il nostro personaggio pesca sia nel mare che in passato ricopriva questi luoghi, sia nelle acque che, considerato l'innalzamento del livello dei mari, potrebbero arrivare fin qui in futuro.

45° 52' 05" N | 8° 58' 36" E

THE FISHERMAN'S HUT

LA CAPANNA DEL PESCATORE

45° 52' 05" N | 8° 58' 36" E

THE FISHERMAN'S HUT — LA CAPANNA DEL PESCATORE

45° 52' 05" N | 8° 58' 36" E

THE FISHERMAN'S HUT **LA CAPANNA DEL PESCATORE**

chat=Ronca

45° 52' 19" N | 8° 58' 52" E

BALCONY

"This intervention is intended, in its own way, to direct the passer-by's attention to a small fragment of the neighbourhood's reality, unique in its particular conformation and location, but certainly not the only one to live a silent and quiet existence. The addition of a twin representation of the balcony, but of a completely different depth and vitality, is intended to be the disturbing element that raises questions, that makes one angry, smile, stop and observe."

Participant

In our first approach to Rime Brecch, we just walk through the area and look for things we don't usually pay attention to. We discover a balcony on the blind façade of an abandoned house, overlooking one of the two access roads to the site. Instantly the idea occurs to put something on it like a monster, a dictator holding a speech or Juliet waiting for Romeo. We are convinced that something or someone should appear there.

To enter a condition of being in the present moment, we start doing body awareness exercises in relation to urban space, like walking backwards on the street in slow motion. Then we stand concentrating in front of the balcony again, trying to imagine what kind of person or creature could appear from there. To our surprise, no one can imagine any apparition. The balcony remains in its calm, modest and insignificant presence there.

At first, we think about painting it completely white to signify this missing appearance, but then we decide to create a photographic duplicate of the balcony, with the only difference that flowers are integrated. As fragrances are known to awake deep memories of our childhood, especially those related with spaces, we add fragrance of flowers on the façade. It's another way of doubling time and space.

BALCONCINO

«Questo intervento vuole, a suo modo, attirare l'attenzione dei passanti su un piccolo frammento della realtà del quartiere, unico nella sua particolare conformazione e collocazione, ma sicuramente non il solo a vivere una silenziosa e pacata esistenza. L'aggiunta di una sua riproduzione di tutt'altra profondità e vitalità vuole essere quell'elemento di disturbo che suscita interrogativi, che ci fa arrabbiare o sorridere, che ci spinge a fermarci e osservare.»

Partecipante

In una prima esplorazione di Rime Brecch, ci limitiamo ad attraversare il quartiere a piedi, cercando elementi a cui di solito non si presta attenzione. Scopriamo che sulla facciata cieca di un edificio abbandonato c'è un balconcino che dà su una delle due strade d'accesso al sito. La prima idea che ci viene in mente è di metterci sopra qualcosa, un mostro, un dittatore che tiene un discorso, Giulietta che aspetta Romeo. Insomma, siamo convinti che lì debba apparire qualcosa o qualcuno.

Per sentirci più in sintonia con il momento presente iniziamo a eseguire esercizi di consapevolezza corporea in relazione allo spazio urbano, come per esempio camminare sulla strada all'indietro a rallentatore. Poi ci fermiamo davanti al balcone e, concentrandoci, cerchiamo di immaginare chi o cosa potremmo veder comparire. Con nostra grande sorpresa, nessuno di noi visualizza alcunché. Il balcone rimane lì nel suo essere tranquillo, modesto e insignificante. Pensiamo allora di dipingerlo completamente di bianco, per dare espressione a questa mancata apparizione, poi decidiamo di crearne una riproduzione fotografica che differisce dall'originale solo per la presenza di un vaso di fiori. Poiché è risaputo che le fragranze sono capaci di risvegliare ricordi profondi dell'infanzia, legati soprattutto ai luoghi, impregniamo la facciata con il profumo dei fiori. Un altro modo di raddoppiare il tempo e lo spazio.

BALCONY

BALCONCINO

BALCONY **BALCONCINO**

DIRECTORS

ANTOINE DE PERROT AKA ONZGI

Is an architect, urban researcher, visual artist and lecturer working in Zurich and Paris. He studied painting and sculpture in Berlin and architecture at the Academy of Architecture USI in Mendrisio, completing his internship at Herzog & de Meuron. He has been project leader for several years at Yves Lion Architectes Urbanistes in Paris. Since 2002, he has realized art and architecture projects internationally and was awarded for both. Most recently, he received an artistic mention at the European Prize of Architecture Philippe Rotthier 2021. He is lecturer for art and architecture at the Academy of Architecture USI in Mendrisio and lectures in universities such as ETH Zurich and Paris 8.

DR. MED. MANSOUREH AALAII

Is a medical doctor, choreographer, dancer, writer and lecturer working in Zurich and Paris. With a MD in social and preventive medicine in Zurich, specialized in ophthalmology (Swiss FMH and European Board) and dance medicine, she explores the body at the intersection of medicine and dance. With her innovative and transdisciplinary approach, she creates dance performances, is lecturer for body knowledge and art at the Academy of Architecture USI in Mendrisio, and lectures in specialized institutions in Switzerland and Europe.

PARTICIPANTS

Stefano Croci, Bruna Ferrazzini, Estelle Gagliardi, Sara Hauptli, Ben Huser, Anna Keller, Cristiana Martinelli, Vladimir Michel, Francesca Morello, Clea Peretti, Marialuisa Scali, Margherita Schoch, Gleb Vasin

ASSISTANTS

Alessia Rapetti, Jan Orsatti

ACKNOWLEDGEMENTS

To create and implement "Transversal Territory" we received support from many people. Our thanks go to the direction of the Academy of Architecture USI in Mendrisio, Walter Angonese, Riccardo Blumer, Antoine Turner and Marco Della Torre, the vice mayor of the City of Mendrisio Francesca Luisoni and the Municipal Technical Office of Mendrisio, especially Mitka Fontana and Massimo Carmellini, who trusted us to engage in this research and supported it actively. We thank our exceptional assistants and workshop participants, bold and curious enough to engage in this new experience. Our special thanks go to the inhabitants and local actors of Mendrisio for their support. For the graphic design of this book, we are grateful to the University of Arts and Design HEAD Genève, the director of the department Dimitri Broquard, his deputy Raphaël Widmer, the lecturers Coline Sunier, Xavier Erni and their assistant Noémie Besset, as well as the students for their tremendous commitment. Last but not least, we thank all our friends who have helped in one way or another to make all this possible.

Further information about "Transversal Territory" and the video of the public presentation can be found at: www.transversal-territory.org

RINGRAZIAMENTI

Per creare e realizzare Transversal Territory abbiamo potuto contare sul sostegno di molte persone. I nostri ringraziamenti vanno alla direzione dell'Accademia di architettura USI a Mendrisio, a Walter Angonese, Riccardo Blumer, Antoine Turner e Marco Della Torre, a Francesca Luisoni, Vice Sindaca della Città di Mendrisio e all'Ufficio tecnico di Mendrisio, in particolare a Mitka Fontana e Massimo Carmellini che ci hanno incoraggiato a sviluppare questa ricerca e l'hanno attivamente sostenuta. Ringraziamo gli straordinari assistenti e partecipanti del laboratorio che hanno avuto la curiosità e il coraggio di vivere questa esperienza. Un ringraziamento particolare va anche a gli abitanti e agli attori locali di Mendrisio per il loro sostegno. Per il progetto grafico di questo libro ringraziamo la University of Arts and Design HEAD Genève, il direttore del dipartimento Dimitri Broquard, il vicedirettore Raphaël Widmer, i docenti Coline Sunier, Xavier Erni e la loro assistente Noémie Besset, così come i loro studenti per l'entusiasmo e l'impegno dimostrati. Infine, vogliamo ringraziare tutti gli amici che ci hanno aiutato in un modo o nell'altro a rendere possibile tutto questo.

Per ulteriori informazioni su Transversal Territory e per il video della presentazione pubblica visitate il sito web: www.transversal-territory.org

THANKS TO

GRAZIE A

Verde pubblico della Città di Mendrisio, David Mutti, Francesco Ceppi, Elia Gerosa, Valeria Codoni, Fabio Lazzaroni, Noël, Favini Simone, Favini Marco, Michele Valsangiacomo, Alessia Dozio, Silvia Corona, Davide Bonfanti, Roberto Bonfanti, Claudio Fontana, Mario Nelva, Sara Ballista, Barbara Schaefer-Müller, Daniela Vertaldi, Emanuela Ventrici, Daniele De Vitis, ECAM Ente Casa Anziani Mendrisiotto, Severino Briccola, Alessandra Pitozzi, Lucia Bolzoni, Valentina Colombo, Barbara Bulloni, Felice Fontana, Andrea Rigamonti, Sonia Ravizzola, Sesto Momesso, Giuseppina Allevi, Mariangela Solcà Frigerio, Valeria Benzoni, Amelia Bassetti, Severina Manzocchi, Santa Scorza, Aldo Trezzi, Gabriella Manni, Cesarina Zanetta, Nicla Lurà, Lorena Rossi, Guido Rossi, Fernando Calderari, Mary, Petra Bernasconi, Mattia Valtulini, Donatella Radice, Salvatore Lanzalaco, Paolo Bianchi, Giulia Milani, Renzo Fontana, Karl Jost, Jean Höhener, Cesare Bianchi, Marc Collomb, Tiziano Casartelli, Marianne Burkhalter, Otto Krausbeck, Lorenzo Pini, Lucia Zanti, Olivia Gendolla-Green, Francesca Rossini, Giulia Bianchi, Federico Tomat, Titien Brendlé, Mia Carmellini, Victoria Krausbeck, Daniele Rigamonti, Xio Mara, Annamaria, Antonella, Marinella, Margarita, Francesca, Nina

EDITORS
Mansoureh Aalaii
Antoine de Perrot aka Onzgi

PHOTO CREDITS
Team Transversal Territory

GRAPHIC DESIGN
HEAD-Genève
Noa Perez
Lila Zoggagh
Under the guidance of Coline Sunier and Xavier Erni

GRAPHIC DESIGN COORDINATION
Noémie Besset
Mansoureh Aalaii
Antoine de Perrot aka Onzgi

TRANSLATION AND PROOFREADING
Scriptum srl, Roma

FONT
Helvetica Neue Bold (linotype)

PRINTING, BINDING, PHOTOLITOGRAPHY
Musumeci S.p.A., Quart (AO)

PAPER STOCK
Profibulk, 115 g/m2
Profibulk, 70 g/m2
Invercote G, 240 g/m2

© 2024 Mansoureh Aalaii and Antoine de Perrot aka Onzgi, Academy of Architecture of the Università della Svizzera italiana, Mendrisio, and Park Books AG, Zurich

© for the texts: the authors

DISTRIBUTION
Park Books
Niederdorfstrasse 54
8001 Zurich
Switzerland
www.park-books.com

Park Books is being supported by the Federal Office of Culture with a general subsidy for the years 2021–2024.

All rights reserved; no part of this publication may be reproduced, stored in a retrieval system or transmitted in any form or by any means, electronic, mechanical, photocopying, recording, or otherwise, without the prior written consent of the publisher.

ISBN 978-3-03860-372-6

This book was produced with the support of:

CURATELA

CREDITI FOTOGRAFICI

PROGETTO GRAFICO

COORDINAMENTO PROGETTAZIONE GRAFICA

TRADUZIONE E REVISIONE

FONT

LITOGRAFIA, STAMPA, RILEGATURA

CARTA

DISTRIBUZIONE

Questo libro è stato realizzato con il supporto di:

Fabio Rezzonico SA, Cottoceramiche SA, Carrozzeria Brumana SA, Ristorante La Fortuna

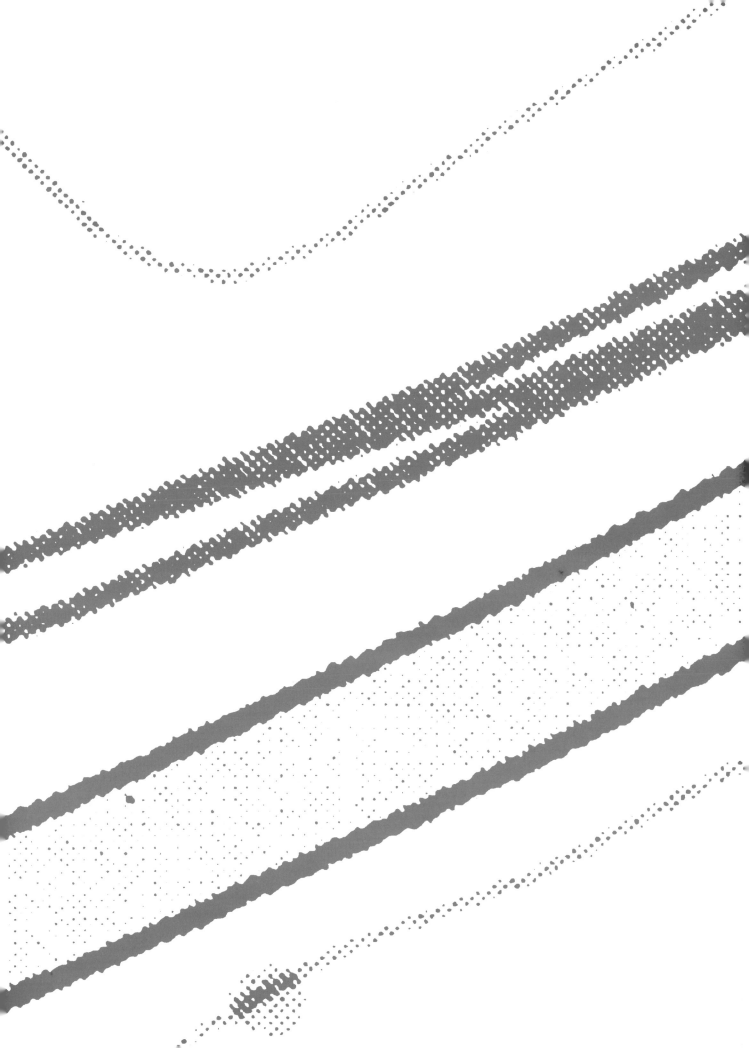